爆款视频号

吕白 著

机械工业出版社
CHINA MACHINE PRESS

随着视频号的全面开放，视频号营销正在成为越来越重要的营销手段。本书是一本介绍视频号内容制作、全方位运营以及商业变现的工具书，全书从视频号的发展趋势入手，从内容策划、账号设置、剪辑包装等角度为读者详细拆解打造爆款视频号的操作流程，最后对视频号的变现模式进行了介绍。

本书适合自媒体运营人员、新媒体平台工作人员，以及想通过视频号进行营销的个人或企业学习和使用。

图书在版编目（CIP）数据

爆款视频号 / 吕白著. —北京：机械工业出版社，2021.7 (2024.6重印)

ISBN 978-7-111-68773-3

Ⅰ.①爆… Ⅱ.①吕… Ⅲ.①网络营销 Ⅳ.①F713.365.2

中国版本图书馆CIP数据核字（2021）第146191号

机械工业出版社（北京市百万庄大街22号　邮政编码100037）
策划编辑：解文涛　　　责任编辑：解文涛　李佳贝
责任校对：孙莉萍　　　责任印制：李　昂
北京联兴盛业印刷股份有限公司印刷

2024年6月第1版第3次印刷
145mm×210mm・8.25印张・3插页・130千字
标准书号：ISBN 978-7-111-68773-3
定价：69.80元

电话服务	网络服务
客服电话：010-88361066	机　工　官　网：www.cmpbook.com
010-88379833	机　工　官　博：weibo.com/cmp1952
010-68326294	金　书　网：www.golden-book.com
封底无防伪标均为盗版	机工教育服务网：www.cmpedu.com

自　序

全力投入视频号。

这是今年我对所有问我要不要做视频号的朋友一句非常确定的答复。

为什么？

原因有两个。

1. 视频号背靠超级 App

2012 年 8 月，今日头条上线，短短几年时间增长迅猛，日活用户数破亿。

当时腾讯为了抢占市场，推出了天天快报，投入了很多资源，在一段时间内日活用户数突破了千万，但之后一直不温不火。不是因为这个产品做得不好，而是其另外一个产品做得更好，这个产品就是 QQ 看点，一个内嵌在 QQ 上的信息流软件。

我认为这成了腾讯对于啃不下的硬骨头最后的撒手锏——在超级 App 上内嵌一个插件。

因为超级 App 本身就有超级流量，如果插件的设计本身没有问题，能够留存一定的用户，理论而言超级 App 起码能给到这个插件 1/5 的流量。

而视频号就是背靠微信这个超级 App。

微信团队有自己的产品哲学和产品底层逻辑，怎么做产品，怎么增加功能，向来都是想得非常清楚。而且，微信团队特别喜欢且擅长小规模试错，正如微信创始人张小龙所说：如果一个问题三天没有想出答案的话，那么三个月也想不出来，因此要么在三天内找到解决方法，要么放弃，去寻找新的路径，而不是耗在那里。

2. 视频号是最优秀的一帮人在做

我之前在腾讯工作的时候，腾讯的股价是 300 多港元，我没有买入，为什么？因为当时我所在的部门并非腾讯的核心部门，周围同事的素质也是参差不齐，所以我觉得腾讯的股价肯定不会大涨。

但我恰恰忽视了，影响股价的核心，是腾讯最核心的那 20% 的人。

微信显然占了这 20% 的半壁江山。

特斯拉公司 CEO 马斯克说："成功的关键在于与顶尖人才共事。"2020 年出生的视频号，长在 12 亿日活用户的超级 App 中，由张小龙亲自带队进行研发，怎么可能会不成功呢？

为了方便大家理解，且能满足大家的需求，我让助理在各大平台和社群搜集了近 2000 个和视频号相关的、有共性的问题，然后用了很长的时间集中交流并给出答案，最后整理成书。

我相信，这本书一定会给到你最想要的答案，因为它本就是为了答案而生。

如果你想做爆款视频号，看这本书就足够了，我会毫无保留地和你分享我对视频号的所有见解和玩法。

当然，如果你关注的是视频号的注册、发布等基础流程，那么我建议你可以先看看其他的书籍再来了解爆款视频号的底层逻辑。

在本书中，我归纳出 9 个核心点，所有的内容都是围绕这 9 个核心点展开的。

1. 二八定律：把 80% 的精力、人力、财力放在 20% 的内容上

二八定律的提出者帕累托说："在任何一组东西中，最重要的只占其中一小部分，约 20%，其余 80% 尽管是多数，却是次要的。"

视频号的运营也是如此，请相信强者愈强、弱者愈弱的道理，能带来 80% 收益的是 20% 的内容。

我们最应该做的是把一个视频的播放量从9万推到9.5万，而不是从3000推到5000。高于平均播放量的视频才应该且值得被推广，我们应该关注那最重要的20%。**而人们最喜欢做的就是费力推广普通视频，而不是让爆款视频更爆更火。**

一定要把80%的精力、人力、财力都投入20%的内容中，因为那20%的内容决定你的账号能不能成为爆款账号。

2. 底层算法：算法推荐+社交推荐

视频号的底层算法是"社交冷启动+算法推动"。视频是基于熟人关系链冷启动的，但这个部分占比不高，一般收到20个点赞即可达成冷启动，剩下的还是靠算法，还是以内容为王。一个视频能不能成为爆款，关键在于互动率[(点赞+评论+转发+收藏)/播放量]和完播率（看完视频人数/播放量）。

在腾讯的时候我研究过几十万条视频，发现完播率和视频时长有很大的关系，一般来说视频时长越短完播率越高。

评论在互动率中占的权重是最大的，所以我们要千方百计去提高评论，我在书中为大家准备了评论模板。

3. 爆款的底层逻辑：70%和爆款相似 × 足够多的试验品=100%爆款

《圣经·旧约》中说："已有之事，后必再有，已行之事，后必再行，日光之下，并无新事。"

我之前在腾讯工作的时候，分析了全网最火的100条情感类视频，本以为全网最火的100条视频，至少会有60多个不同的创意或者梗。但是后来我发现，居然只有5个梗！是的，你没看错，全网最火的100条情感类视频中只有5个梗，所有的视频内容都是根据那5个梗来回演绎。

很多人会好奇，为什么是70%和爆款相似，而不是100%呢？其实是这样的，就算你完全翻拍，剧本内容甚至情节都一样，你最多也只能做到和爆款视频70%相似，因为演员不一样，场地不一样，拍摄当天的阳光不一样，路过的行人不一样，拍摄和剪辑的人不一样，视频的时长不一样……上面的任何一点不一样，都可能会让一个视频成不了爆款。

所以，你需要拿足够多的作品来做实验，然后等待爆款视频的到来。

4. 万能公式：爆款视频=黄金3秒开头+2~5个评论点+互动式结尾

我出去讲课时，经常会有人问我打造爆款视频有没有

公式,后来我也开始思考有没有什么通用的公式,在拆解了上千条爆款视频以后,我得出了一条公式:

爆款视频 = 黄金 3 秒开头 + 2~5 个评论点 + 互动式结尾

为什么是黄金 3 秒?因为如果前 3 秒的内容不够引人入胜,用户就会瞬间划走视频,无法有较高的完播率。

为什么是 2~5 个评论点 + 互动式结尾?因为评论在互动率中占非常大的权重,所以要想尽办法让用户评论。

这三个环节都会有对应的方法论,我会通过生活、情感、旅行、认知、干货、剧情等品类的爆款案例带你进行拆解,让你真正学会运用这条公式。

5. 选题分级:根据翻拍的爆款率来分 S 级、A 级、B 级

我常说一句话:"选题不对,努力白费。"如果一个爆款视频的满分是 100 分,选题就占了其中的 80 分。

怎么找到选题呢?靠才华吗?靠天赋吗?不是,一切以数据为核心。在做视频号之前,我会让同事搜集全网所有爆款视频,然后按照拍摄的次数来分类。

S 级的标准:该选题产生过 5 个及以上的爆款视频。

A 级的标准:该选题产生过 3 个及以上、5 个以下的爆

款视频。

B级的标准：该选题产生过1~2个爆款视频。

为什么这么定？

因为你不需要做无效的努力，你要学会后发先至。无论是美团做外卖，苹果做5G手机，还是现在的诸多新能源汽车，他们都是在别人对新模式进行验证后，再利用自己的优势快速赶超并走到行业前列的。

内容创业也是如此，找到经过市场验证的选题，学会站在"巨人"的肩膀上，快速迭代。

永远不要说："这个选题不错，我感觉会火。"你要相信市场验证过的数据。

6. 剪辑+运营：没有评论点就不会火

《寻梦环游记》中有一句经典台词："一个人真正的死亡，是他被所有人遗忘。"做视频号内容也是如此，没有评论点的话题，很容易被遗忘。

关于剪辑，最重要的一句话是：把视频里重要的、最有可能被人评论的点，用不同的字体、字号、贴纸突出，让别人能一眼看到，封面保持简洁大方就行。

短视频火的本质是互动率，如果视频内容没有评论点，那互动率一般不会高。无论是视频剪辑还是内容运营，都需要通过文案和互动区的评论等引起人的互动欲，互动越多视频越容易火。

因此，你要记住，拍完视频并发布只是第一步，怎么放大你视频中的评论点，怎么运营评论区，怎么让用户跟着你的脚步走，你还需要做99步。

7. 数据+复盘：互动率、完播率、播赞比、播粉比、爆款率、涨粉率

复盘是把经验变成能力的过程，而没有数据支撑的复盘就是耍流氓。

每次和同事开会，当我询问一个数据为什么产生异常时，他们往往会说："我觉得是……"

每当这时，我都会在他们说完以后补充说道："咱们溯源一下数据吧。"结果，多数情况下数据告诉我们的结论和他们自己觉得的结论不一致，甚至完全相反。

以至于后来我们最讨厌听到的一个词就是"我觉得"，团队成员甚至打印了一张纸贴在工位上，上面写着：你每一次说"我觉得"的时候，想一想"数据"是不是也这么觉得！

哪个视频最能增粉？要推广哪条视频？这条视频目前缺评论还是缺转发？时长为多少最好……

这些问题，只有数据能准确无误地告诉你答案，你要

记住我们的感觉可能90%都是错的。

我们要重点关注视频的互动率、完播率、播赞比、播粉比、爆款率、涨粉率，这些指标将会影响账号的发展，团队定期复盘并进行横纵向延伸，才能让爆款视频更早一些到来。

8. 团队管理：培训、赛马、分层管理

培训团队只需要培养团队观察爆款视频、拆解爆款视频的能力；带领团队只需要做好内容赛马，不断归一或分裂，快速迭代；管理团队只需要激励头部成员、重点发展中部成员、帮助尾部成员认清自己。

我们的员工入职第一周只需要做一件事情——分析50个爆款视频，然后跟大家分享，如果不出意外，他们的分享至少要被我打回去三次，因为基本上都没有接近本质。

我经常和同事强调："**如果你都没见过爆款视频，怎么可能做出爆款视频。**"

我让他们分析这50个爆款视频，不是真的想让他们得出最终的答案，或是找到打造爆款视频的路径，而是希望他们能或多或少地了解到爆款视频为什么会成为爆款，希望他们记住分析爆款视频的过程。

只有做到了这几点，等我在培训时，他们才能听得更认真，理解得更深刻。如果你没有在一线做出过爆款视频，

那就不要和团队讲了,让他们分析完 50 个案例后看看这本书吧,这或许是最好的选择。

9. 商业变现:视频号 + 直播 + 朋友圈 + 微信公众号 + 小程序

视频号应该是未来 3 年短视频行业最大的风口,没有之一。

微信聊天、搜一搜、朋友圈、微信公众号、小程序、扫一扫、微信号名片页……微信在你看得见和看不见的地方都在为视频号导流。

张小龙说,视频号团队最初邀请一些明星进来,明星会问有没有签约费,他们给出的回答是:"不会,我们希望你进来,只要你经营好自己的粉丝,最终你就会实现盈利,而不是平台出面来购买内容。"

当前的视频号处于内容饥渴期,它拥有系统性、规模化、可复制的特质,视频号 + 直播 + 朋友圈 + 微信公众号 + 小程序的全方位融合,势必会让运营者具备极强的商业变现能力。

看完这 9 个核心点并实践这些内容,我相信你会离打造出爆款视频更近一大步。

我最喜欢的一个人是毕加索。

可能你会疑惑,为什么是一个画家,而不是一个作家,或是其他人?

因为他个性斐然。

他说:"我本想成为一个画家,后来我成了毕加索。"

"我14岁就能画得跟拉斐尔一样好,之后我用一生去学习像小孩子一样画画。"

因为他玩转营销。

他刚闯荡艺术圈的时候,没有一丁点儿名气。他雇了很多大学生每天到巴黎的画店绕来绕去,让他们在离开画店之前特意问老板:"请问,你们这里有毕加索的画吗?"等待时机成熟,他携画杀入巴黎艺术圈。

因为他有钱有名。

对比一贫如洗的梵高,他活着的时候身价破亿,毕加索也是唯一一个活着见到自己的作品被收藏进卢浮宫的人。

更因为他的这句话:

拙劣的艺术家模仿,伟大的艺术家窃取。

这里的"窃取"不是让你去抄袭,而是让你学会站在巨人的肩膀上去思考、去学习、去体悟;让你学会不要去做无谓的试错,让你知道:只有成功才是成功之母,失败什么都不是。

爆款内容复印机　吕白

2021年5月30日于北京

目　录

自序

第一章　二八定律：
把80%的精力、人力、财力放在20%的内容上

第一节　什么是二八定律 / 003

第二节　如何运用二八定律 / 004

第三节　影响终局最重要的20% / 007

第二章　底层算法：
算法推荐+社交推荐

第一节　算法推荐：互动率 × 完播率 / 011

第二节　社交推荐：私域流量冷启动 / 013

第三章　爆款的底层逻辑：
70%和爆款相似 × 足够多的试验品 =100%爆款

第一节　爆款视频都是重复的 / 021

第二节　70%和爆款相似 × 足够多的试验品 =100%

　　　　　爆款 / 022

　　第三节　爆款是重复的，适用于各个领域 / 031

第四章　万能公式：
爆款视频 = 黄金 3 秒开头 + 2～5 个评论点 + 互动式结尾

　　第一节　黄金 3 秒开头 / 037

　　　　一、陈述式开头 / 038

　　　　二、疑问式开头 / 044

　　第二节　2～5 个评论点 / 048

　　　　一、文案 / 048

　　　　二、画面 / 050

　　　　三、口音 / 054

　　　　四、剪辑 / 056

　　第三节　互动式结尾 / 060

　　　　一、引导式 / 061

　　　　二、共鸣式 / 063

　　　　三、反转式 / 068

　　第四节　案例分析 / 072

　　第五节　本章小结 / 088

第五章　选题分级：
根据翻拍的爆款率来分 S 级、A 级、B 级

　　第一节　选题误区 / 094

第二节　方法1：从评论区感知用户 / 098

第三节　方法2：搭建爆款选题分级库 / 102

　　一、S级 / 104

　　二、A级 / 118

　　三、B级 / 123

第六章　剪辑＋运营：
　　　　没有评论点就不会火

第一节　视频剪辑 / 129

　　一、时长 / 129

　　二、中间转折 / 130

　　三、版面设计 / 133

第二节　标题文案 / 135

　　一、通用方法 / 135

　　二、善用数字 / 136

　　三、反常识 / 140

　　四、突出效果 / 143

第三节　发布文案 / 146

　　一、做总结 / 146

　　二、列数字 / 147

　　三、做对比 / 148

　　四、引对立 / 150

第四节　评论区运营 / 151

　　一、观点差异法 / 152

　　二、当下热梗法 / 154

三、神评论法 / 157

四、共鸣法 / 161

第五节　案例分析 / 163

第七章　数据 + 复盘：
互动率、完播率、播赞比、播粉比、爆款率、涨粉率 / 177

第八章　团队管理：
培训、赛马、分层管理

第一节　招聘理念 / 182

第二节　招聘流程 / 185

第三节　培训：用拆三遍的方法拆解爆款 / 188

一、案例 1 / 190

二、案例 2 / 193

三、案例 3 / 197

第四节　赛马："归一"与"分裂"，快速迭代 / 201

一、内容赛马 / 202

二、员工赛马 / 203

第五节　管理：头部中部尾部，圈层式培养 / 205

一、激励头部 / 206

二、全力培养中部 / 206

三、帮助尾部认清自己 / 206

第六节　薪酬：底薪 + 绩效，激励式成长 / 209

第九章 商业变现：
视频号＋直播＋朋友圈＋微信公众号＋小程序

第一节　广告变现 / 217

　　一、微信公众号链接变现 / 219

　　二、小程序链接变现 / 229

第二节　直播变现 / 232

第三节　个人 IP 变现 / 235

　　一、咨询变现 / 235

　　二、培训变现 / 235

　　三、出版变现 / 236

附录　对 2021 年"微信之夜"张小龙演讲内容的解析 / 239

后记　/ 242

第一章

二八定律：

把80%的精力、人力、财力放在20%的内容上

前段时间我和团队在复盘视频号数据时，我对他们说："你们曾经犯了两个很严重的错误。"

第一个错误："你们推错了重点账号。"

他们没有在 A 账号的粉丝量增速明显不如 B 账号时，重点做 B 账号。

这不是我想看到的，我希望我的团队有预判力，能主动告诉我 A 账号的粉丝量增速不行了，我们要重点推广 B 账号，即使当时 B 账号的粉丝量还不如 A 账号。如果错过了粉丝量增速非常迅猛的趋势，运营者将追悔莫及。

第二个错误："你们爱推广一些没有意义的东西。"

他们没有去重点推广爆款视频，而是花费了很多时间和精力去推广不火的视频。

我刚工作时也容易犯类似的错误，直到我真正读懂二八定律。

第一节
什么是二八定律

19世纪末,意大利经济学家帕累托发现大部分的财富流向了少数人手里,于是他研究了英国人的财富和收益模式,得出"社会上20%的人占有80%的财富"的结论。后来他通过各种研究发现,这个结论在其他国家也成立。再后来,人们发现在很多事情中,最重要的都只占其中一小部分,剩下的80%都是次要的,因此人们把这个现象称为二八定律。

最早接触二八定律时,我只知道这是个知识点,却并未付诸行动。有一段时间,我工作很忙,因此每天都在思考如何才能更高效,后来我发现二八定律能很好地解决这个问题,它同样适用于做内容。

很多内容从业者都会犯两个错误,可能他们自己都没有意识到:**把80%的时间放在毫无意义的事情上,以及把80%的精力和资源投在不够好的内容上。**

请将帕累托的二八定律应用在视频号的运营中。

第二节
如何运用二八定律

在互联网时代,我们每天都能看到非常多的信息,做视频号时有很多内容可供我们选择,但这并不代表我们什么种类的内容都要做。在做视频号前,一定要思考清楚对于你的视频号来说最重要的内容到底是什么,需要重点关注的关键数据又有哪些,你只需要关注并做好20%的内容就够了。

因为能给你的视频号带来流量和粉丝转化的,只有不到20%的内容,剩下80%的内容是打造爆款视频的基础。 99%的账号都是如此。

如何找到爆款视频号的这20%的内容呢?

我做视频号启动有个屡试不爽的方法:先一次性搭建几个类型的内容,用同一个账号或多个账号做分发,一天至少发5条,每天复盘视频数据,一周后总结出全盘数据并且分析哪个类型的内容可以给我带来最大的流量和增长,这个内容类型便是我做爆款视频号的20%。

我不仅在启动账号时会使用这个方法,接下来的每周我都会复盘数据,因为时代发展太快,我需要找到每周20%的内容,让不同阶段的20%的内容给我带来持续的增速。

请记住,依靠数据是唯一能找到爆款视频号20%的内容的方法,任何人的主观判断都没有用,请以客观数据为准。

找到20%的内容后,如何用80%的人力、精力、财力做好这20%的内容?

我们刚开始做视频号时,有一条视频火了,有八九万个赞,团队非常开心;当时还有另一条视频,只有大概几千个赞,团队成员就千方百计给这条视频转发、点赞、评论,希望把这条视频推起来,期待它也能成爆款视频。我问道:"把一个视频的点赞量从3000推到5000有什么意义呢?为什么不把那个9万点赞的视频推到9.1万点赞?"

他们告诉我:"9万点赞已经足够多了,我们能做的微乎其微,对于3000点赞的视频,我们有希望可以将它推到更多赞。"但事实是,从9万点赞推到9.1万点赞,看似只多推了1000多点赞，但它会让爆款更火爆，而从3000点赞推到5000点赞看似增加了2000点赞，但对视频本身而言并没有多大意义。

做视频号，如果想做爆款内容，你就要放弃80%的内容，20%的好内容才是你应该去重点打造的。

爆款视频是100分，其他都是0分。

强者愈强，弱者愈弱。

你可以给你的视频号数据制定一个点赞数和互动率的标准，只要视频的表现高于这个标准，就立刻投入资源进行推广，把500条评论推广到1000条、5000条评论，把8万点赞推到10万点赞，并且迅速翻拍，将这个题材进行快速复制并发布，借着爆款视频的流量继续生产爆款。

一定要把80%的精力、人力、财力都投入20%的内容中。

第三节
影响终局最重要的 20%

影响终局的,往往是最重要的 20%。

几年前,在网易云音乐评论区氛围如日中天的时候,QQ 音乐就已经明白了一件事情,影响用户选择音乐播放软件的最重要的 20%,不是评论区,也不是社区氛围,而是版权。所以,QQ 音乐花大量的钱买进版权,把其他 80% 的问题都先放在一边,比如社区氛围,完全可以等拿下版权、有了用户后逐渐打磨。QQ 音乐的打法就用好了二八定律的终局思维。

再举个例子,我写这本书,核心就是抓住关键的 20%,从终局出发,寻找读者想知道的答案。

很多作者写书的方法是,把自己关在屋子里面一点一点地写,但我不是。

我会先写核心点，先找到书中最精华的部分，也就是那20%。

怎么找这20%呢？

我会让助理在全网各平台搜寻用户最关心、最想知道的1000个、2000个问题，找到问题后进行归类整理，再向我提问。我回答完问题以后，书的基本内容就出来了，这20%的内容一定在我的回答中。

不要片面理解"付出总会有回报"，这句话应该是：找到正确的20%并坚持付出，才可能有回报。

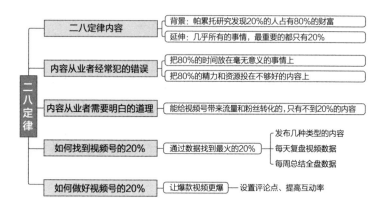

第二章

底层算法：

算法推荐＋社交推荐

有次做分享的时候,有人问我怎么才能让更多的朋友给自己的视频号点赞。我问他想要多少朋友点赞,他回答我越多越好。问其原因,他说视频号不是社交推荐吗?不是朋友点赞越多,视频才会越火吗?

我从他的回答里看到了曾经刚做视频号的自己。我刚做视频号时也听说了很多的说法,以为它就是社交推荐,点赞的朋友越多视频就越火。于是我把一条自认为还不错的视频用尽各种方法转发到几十个社群里,才努力得到1000多个精准用户的点赞。这其中每个用户都至少有几百、几千个微信好友。我以为这样做视频会火,但它还是没火,视频最后只有近2000个点赞。

我很好奇,近2000个人点赞,按六度人脉理论,每个人的点赞都应该会把视频推给更多的人才对。后来我又做了很多尝试,但我在分析之后才发现,社交推荐只是起到冷启动的作用,**最终决定视频火爆程度的还是算法推荐。**

第一节
算法推荐：互动率 × 完播率

视频号是基于社交推荐来做的冷启动，但如果你想让视频更火更爆，还是需要关注一个数据：**互动率 × 完播率**。

视频号秉持着"内容为王"的原则，如果没有提升视频的**互动率 × 完播率**，做再多的推广都没用，除非你能找到 10 万个私域流量给你点赞，否则你很难做出 10 万 + 点赞，甚至 1 万 + 点赞都可能有点儿困难。

互动率 =（点赞 + 评论 + 转发 + 收藏）/ 播放量。

视频号的点赞、评论、转发、收藏都属于互动，其中，评论所占的权重最高，评论数量能在很大程度上决定你的视频能否成为爆款。

我们团队在做视频号时，会提前建立好选题库和评论库，在拍摄和剪辑视频前就先想好这条视频需要设置几个评论点。我们至少会在视频中设置 2~5 个评论点，然后在发布视频前让团队成员准备好高赞评论，引导用户自觉地在评论区发表观点。

具体的标题、发布文案和评论区文案运营技巧，我会在后文中详细介绍。

完播率 = 看完视频人数/播放量，和视频时长强相关。

完播率是指看完一条视频的人数占观看总人数的多少。我之前在腾讯工作的时候，让开发人员用系统分析了几十万条视频的数据，发现完播率只和视频时长强相关。

如果你的视频时长缩短了，完播率就一定会提高。我们通过不断的测试发现，在视频号时长在 25 秒之内的视频最容易提高完播率。所以，在写脚本和拍摄、剪辑时一定要珍惜每一秒时间，我在后文会提到如何通过剪辑提高完播率。

第二节
社交推荐：私域流量冷启动

视频号和抖音的区别又是什么呢？

众所周知，抖音的算法能够很快知道用户喜欢什么，系统会投其所好给用户推荐其喜欢的视频。它有一个推荐流量池，运营者发布一个视频后会先在小流量池里测数据，如果数据好，抖音算法系统会继续把这条视频推到下一个更大的流量池。但腾讯的算法还不够厉害，因为字节跳动是做内容出身，腾讯则是社交为王。

基于这个点，腾讯的视频号不能单纯和竞品比拼算法，它需要做一件它有绝对优势的事，那就是社交媒体分发。视频号背靠 12 亿日活用户的微信，依靠算法推荐机制和社交推荐机制进行分发，这也是为什么视频号的日活用户数用了不到 1 年的时间就达到了 2 亿，而为达到这个目标，快手用了8年，抖音用了2年。

因此，在视频号的视频还没火起来之前，需要一定的私域流量作为冷启动，视频号的本质是熟人社交。视频号可以基于熟人关系链给你推荐视频，如果我和你是微信好友，我点赞、分享的视频便会被系统推荐给你。这样一来，算法做不到的精准推荐，微信好友链可以弥补，毕竟"物以类聚，人以群分"。

而我通过试验发现，视频一般只要有20个好友点赞进行冷启动就足够了。

另外，在抖音中爆火的内容在视频号不一定会大火。

我之前研究过人在不同社交媒体的状态，发现奥地利心理学家弗洛伊德的理论非常适合解释为什么大多数人在微博和在朋友圈会呈现出不同的状态，正如他所说：一个人的人格可分为三部分，分别是本我、自我和超我。

本我就是当你处于匿名社交软件和社区时，你会表现得很真实，对自己没有多高的要求，也不会有太大的危机感，想说什么就说什么，想做什么就做什么。

自我是指从诸如探探等产品过渡到抖音，你有自己的喜好，会靠算法培养起自己的生活圈，算法知道你喜欢什么，想看什么。

而当你处于熟人关系社交软件和社区时，比如你的微信朋友圈、视频号，你的状态就切换到超我，本质都是在讲"个人品位"。基于这个原因，很多在其他平台特别火的颜值类、才艺类视频，在视频号里反而可能不那么火了，不是没有人看了，而是大家不再那么愿意给帅哥和美女点赞。

试想一下，你在抖音中点赞了一个美女跳舞的视频，没有人能看到，但如果你在视频号点赞了一个这样的视频，你的爱人会看到，你的爸妈会看到，你的领导也会看到，你会完全没有压力吗？

因为视频号是熟人社交，推荐方式的改变也会导致爆款内容的改变，所以视频号的内容会更偏向于知识类，诸如大咖讲话、顶级思维、创意广告、文化教育，这些视频可能不是因为很多人爱看所以火，而是因为大家也需要在好友圈中展现自己的品位，所以点赞。

这就是视频号和抖音的区别。因此，每当有人问我视频号是否和抖音类似时，我都会说，它不是抖音，也不是快手，视频号就是视频号。

2010年10月，一款名叫KikMessenger的即时通信App在国外推出，注册用户在两周内就超过了百万。同年12月，小米就推出一款免费的即时通信App——米聊。腾讯紧跟其后，在2011年1月发布了微信，并且不断创新，用当时已经有6亿注册用户的QQ为微信导流,还推出了附近的人、摇一摇等陌生人社交功能,不到一年半,微信用户就突破一亿。

和当初的微信超越米聊一样,如果视频号做的和抖音一样,那么它大概率永远无法超越抖音。

所以,视频号在算法推荐的基础上,也基于熟人社交做推荐,使算法推荐的准确率提高80%,并且不断丰富内容,让视频号同时具备内容消费的特点。

张小龙在2021年微信公开课上说:

未来有一天,关于视频的播放量,关注、好友推荐、机器推荐的比例应该是1:2:10,即一个人应该平均看10个关注的视频,20个朋友点赞的视频,100个机器推荐的视频。

当时他是这么解释的:

内容分两种,一种是你需要花脑力去理解的知识性信息,是学习;一种是不需要花脑力的思维舒适区的消费类的信息,是娱乐。好友推荐的内容是朋友强迫你去获取你未必感兴趣的知识性信息,属于学习类;机器推荐的内容,是系统投其所好而让你很舒服地浏览你喜欢的消费类信息,属于娱乐类。关注里面两种信息都有。

因为对于关注的东西你已经知道大概内容了，反而不会太有吸引力，因此比例为1。好友推荐的内容虽然看起来累，但是不能错过，所以比例为2。而机器推荐的内容符合懒人原则，是大多数人都更容易消费且获得舒适感的信息，所以比例为10。

张小龙极具产品洞察力，对人性研究很深，无论是微信还是视频号都不断在匹配、满足人性的需求，而且他能通过自己的底层逻辑在视频号发展的早期就预判到未来的好友推荐和算法推荐的占比。基于"产品之父"的这一点判断，我们更有理由相信，想要在视频号做出爆款视频，就更需要生产好的内容，需要满足视频号的底层算法逻辑，提高互动率和完播率。

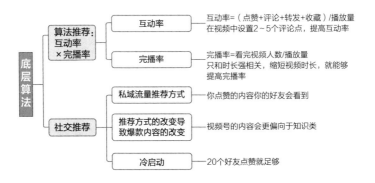

爆款视频号

第三章

爆款的底层逻辑：

70%和爆款相似 × 足够多的试验品 = 100%爆款

我最近帮一个朋友做火了一条视频，她的视频号刚做不到两周，一天发一条视频，平时视频的点赞量在50～150，但这一条视频发出12小时内就突破了5000个点赞及5000条评论，并且粉丝量从几百涨到了几千。

朋友就问我："你是怎么做到的呢？"

我回答："没有谁可以向你保证每一条视频都能成为爆款视频或者是向你保证10条视频中一定会有一条爆款视频，如果有人告诉你他一定可以帮你将每一条视频都做成爆款视频，那他一定是骗子。"那我为什么能帮她把这条视频做火呢？是因为我做对了这两点：

第一点，找的选题就是爆款，是视频号用户最关心的、最经常点赞的选题，这是在分析了无数爆款视频数据后得出的结论。

第二点，有足够多的试验品，坚持每天发一条视频，10条视频不火，就发20条，20条不火就发50条，开始总会有些困难，但只要你做火了第一条视频，那第二条、第三条爆款视频就会来得更容易。

第一节
爆款视频都是重复的

我之前在腾讯做视频平台时，请技术部门的同事抓取了全网最火的 100 条情感类视频逐一分析。我本以为在全网最火的 100 条情感类视频中，至少会有 60 多个不同的创意或者梗。但分析结果告诉我，居然只有 5 个梗！是的，你没看错，全网最火的视频只有 5 个梗，所有的视频内容都是根据那 5 个梗来回演绎。

其中最火的梗我至今印象深刻，讲的是一个男孩扔了一个矿泉水瓶子，一个女孩接住，然后女孩扑到了男孩怀里。

看到那条视频的那一瞬间，我就觉得，爆款视频都是重复的，想要做爆款视频，至少要做到和爆款视频 70% 的相似，然后提供足够多的试验品。

第二节
70%和爆款相似 × 足够多的试验品 =100%爆款

为什么是70%和爆款视频相似，而不是100%呢？因为即使要做重复的内容，我们也很难做到和爆款视频一模一样。

之前抖音上有一条视频火了：一个小女孩背着书包走上一辆劳斯莱斯，对霸道总裁哭喊道："都怪你，就知道忙工作，没给我报上××××的特训班，现在报不上名了！"霸道总裁回复道，谁知道这个课这么便宜，没想到真有清华大学、北京大学的老师上课，也没想到这个课程竟这么火爆。这时，助理告诉总裁已经帮她抢到了报名名额："点击视频下方的链接，就能立刻报名。"

这条视频的广告成本不高，却带来了几十万个课程订单，给广告公司带来不少收益，流量源源不断。

于是，很多广告公司立刻联系了这条视频的演员，找了同样的豪车来拍摄自己的广告,因为他们担心换了演员、换了场景,视频效果就不一样了。还有些广告公司实在请不到原班人马,就找长得相像的演员不断尝试,有的视频成了小爆款,但也有很多视频没火起来。

因为爆款视频成为爆款的因素有很多,和画面、演员、场景、产品、背景音乐、发布账号、发布时间、发布文案、评论等都有关系。

就算你完全翻拍,剧本内容都一样,最多也只能做到和爆款视频70%的相似,因为演员不一样,场地不一样,拍摄当天的阳光不一样,路过的行人不一样,拍摄和剪辑的人不一样,视频的时长不一样……上面任何一点不一样,都可能会让一个视频成不了爆款。

我们在视频号内随便点击某个标签,会发现很多视频的内容几乎都一样,都是翻拍、模仿,但数据却不一样,有的成为爆款视频,有的却没有多少点赞。

蔡国强老师的作品《天梯:蔡国强的艺术》是他为奶奶准备的百岁礼物——通往天堂的阶梯烟花秀,这段视频被很多账号发布在视频号上。

目前点赞数较高的是@InsDaily发布的内容,获得了3万点赞和501条评论。

这条视频的文案是:

这个名为"天梯"的烟花，是蔡国强先生送给奶奶的百岁诞辰礼物。它只在空中绽放了60秒，却是他21年来的努力和心血，凝结着对奶奶深沉的爱与浪漫。

配乐是《飞鸟和蝉》的高潮片段：

你骄傲地飞远／我栖息的夏天，听不见的宣言／重复过很多年，北纬线的思念被季风吹远，吹远默念的侧脸／吹远鸣唱的诗篇／你骄傲地飞远，我栖息的叶片，去不同的世界／却从不曾告别，沧海月的想念羽化我昨天，在我成熟的笑脸／你却未看过一眼

而另一个视频号@**匠心之城**虽然也发布了这个片段，但只获得了1600多个点赞和44条评论。

这条视频的文案是：

匠人蔡国强献给奶奶的百岁生日礼物《天梯》，为了烟花的

完美绽放，他努力了 21 年，只为给奶奶这世上独一无二的浪漫。

配乐是纯音乐，加上视频原声——烟花绽放后的呲呲声。

还有其他的账号也发布了这个片段，但仅仅收获了零星点赞。

所以，我们没办法做到和爆款视频100%一样，哪怕是同样的选题、认知，以及同样的拍摄手法，做出来的视频最多也只能模仿到爆款视频的50%~60%，我们需要通过看高赞评论，分析视频成为爆款的原因，再优化自己的内容，使内容尽量和爆款视频有70%的相似。然后，我们需要增加试验品，提高成功的概率。

你和朋友玩丢硬币的游戏时，丢十次可能有七八次都是正面朝上，为什么不是50%的概率呢？因为样本不够大。

这个理论放在爆款内容上同样适用，既然我们能做到和爆款视频相似了，那接下来就是要增加试验品，这样才有可能"押中"那个爆款。

在抖音中有个流行的玩法，叫"听说发第二遍会火"。果然，很多视频发第一遍没火，发第二遍就火了。

抖音用户@肉肉的粉肉肉在12月12日当天前后发了两条同样的内容，第一条视频的文案是"我觉得挺委屈的#玩转上海"，获得6.5万个点赞和5598条评论；第二条视频的文案是"#上海造星盛典 #第二遍真的会火吗"，获得80.1万个点赞和6.4万条评论。

但也有很多创作者发现这个方法并没有什么用，发第二遍、第三遍还是没火。

为什么呢？这里面其实存在"幸存者偏差"。

第二次世界大战时期,一群科学家负责维修战争中返航的飞机。他们看到飞机身上布满了弹痕,尤其是机翼附近的弹痕比较多,但机身上的弹痕比较少,所以科学家们认为应该对弹痕多的机翼部分进行加固,提高防护性能。但他们发现,这种防护并没有什么用,依旧有不少飞机出事。

这时,另一位科学家瓦尔德提出疑问,我们现在所得出的结论,会不会只是从现有看到的现实出发推断得出的呢?看起来机身很少有弹痕,但会不会是因为大多数机身中弹的飞机会直接坠毁,所以导致我们无法看到呢?于是,他们提高了机身的防护等级,最后证明瓦尔德的分析是对的。

这就是著名的"幸存者偏差"理论，所以我们不能单纯从所看到的事实出发分析原因，也要多搜集反面数据，看到那些非幸存者的失败因素。

我们曾做过这样的测试：同样一条视频，选择同样的发布时间，用不同的账号发布，视频火爆的程度是不一样的，有的视频点赞破了10万，有的视频却只有不到1万个点赞。

拿同样的内容发第二遍，只是提高了你的内容变火的概率，如果这个视频本身有火的潜质，再加上合适的文案和音乐，发第二遍、第三遍确实可能会火，但如果这条视频原本就是普普通通的内容，想成为爆款是很难的。

抖音用户@**民谣故事**在2020年12月16日发布了一条街头视频，放的是视频原声也就是画面里歌手唱的歌《说书人》，片段是"城中楼阁/几经风霜，天涯游子/一梦黄粱，神鬼志异/荒唐一场，谈笑一段/半生疏狂"，但声音不太清晰，获得1.7万个点赞。

2021年1月4日，该账号又发布了这条视频，配文"听说发第二遍会火#第二遍真的会火吗"，获得25.7万个点赞。值得一提的是，第二遍的视频改了标题和文案，并且消除了视频原声，用的配乐是《说书人》的高潮片段，

"路边的茶楼/人影错落,街上传来/两三声吆喝,人前摇扇/醒木拍桌,各位看官/你细听分说"。

努力提高你的视频成为爆款视频的概率,发一条视频不火,那就多发几条,可以用一个账号一天发多条视频,也可以用多个账号一起发同一条视频,运营者应找准赛道并坚持不懈地发下去。

尤其是需要人出镜的视频,一定要关注人的维度,人和内容同样重要。同样的选题,换不同的人拍摄,结果可能大不相同。

在做出爆款视频后,你需要穷尽相似主题进行拍摄,并且立刻就发布,1个小时能发布的绝不等到2个小时再发布，在视频火的 12 个小时内需要发布至少三四条相似视频，这样才更容易持续火。

我秉持的理念是，做爆款视频号，满分是 1 分，0.5 分及以下的视频不合格，0.6 分及以上的视频才合格，而 0.5 分和 0.6 分相差的就是你是否真的相信爆款视频是重复的。

第三节
爆款是重复的,适用于各个领域

我从 2014 年开始在微信公众号上写文章,最早是写干货文章。后来我进入了一家新媒体公司,花了两个月时间写了 50 多篇我觉得还不错的稿子,结果都不能发布。

于是我开始思考一个问题:我到底要写什么?爆款文章。

之后我分析了 100 篇爆款文章,发现这 100 篇爆款文章包括不同的选题,但其中有 5 个共同点,于是我将分析范围扩大到 300 篇爆款文章,发现我能找到 6 个共同点,我继续分析 700 篇爆款文章,找到了 8 个共同点。最后,我分析了 1000 篇、2000 篇爆款文章,发现一共只有 10 个共同点，当我把案例样本继续扩大到几千篇时，依旧是这10个共同点。

我把这10个共同点称为爆款的十大元素。

三大情感：亲情、爱情、友情；

五种情绪：愤怒、怀旧、愧疚、暖心、爱国；

两个因素：地域和群体。

围绕这十大元素，我开始写新的文章，这才渐渐写出了阅读量1万+、5万+、10万+的爆款文章。

爆款是重复的，还适用于各个领域。

你知道保时捷的车型和甲壳虫很像吗？在20世纪早期，费迪南德·保时捷博士设计了一款甲壳虫汽车，这款汽车成为当时德国的国民汽车，后来，他又创立了保时捷公司，并模仿甲壳虫的底盘和车身布局以及它的瓢虫造型，设计和生产了首款保时捷车型。

伟大的艺术家梵高，也是模仿爆款作品才创作出爆款作品的。梵高的创作和浮世绘有很大关系，早期，他临摹了一幅《日本情趣：花魁》作品，据说是直接将复写纸放在日本杂志原创画上描摹轮廓进行彩绘，再进行了小改动。

后来，他开始脱稿临摹浮世绘，找了一些浮世绘风格的作品直接脱稿模仿，变为自己的东西。再后来，梵高会将一些临摹对象作为自己作品的背景,比如《唐基老爹》这幅画中,唐基老爹身后的背景墙和日本浮世绘作品就很相似。以至于到后来,梵高创作的著名画作《星空》也和浮世绘有极大的关联。

毕加索也有句名言:拙劣的艺术家模仿,伟大的艺术家窃取。

后来,乔布斯把这句话改成了:好的艺术家在模仿,而伟大的艺术家则在剽窃。

在乔布斯看来,创新的关键就是借鉴和连接。20世纪70年代,施乐公司的帕洛阿尔托研究中心推出了人类历史上第一台个人电脑——奥托,这台电脑首次使用了桌面比拟和鼠标驱动的图形用户界面技术。1979年,乔布斯参观这家研究中心时发现了奥托系列电脑的商业价值,进而研发出了麦金塔系列电脑。类似的例子还有很多,比如乔布斯观察到奔驰汽车的流线型线条之间的比例十分和谐,于是倾尽全力打磨产品功能和设计感。

只有你真正相信并且理解"爆款是重复的"这一底层逻辑,不断优化迭代,才能接近爆款。

第三章 爆款的底层逻辑：70%和爆款相似 ×足够多的试验品＝100%爆款

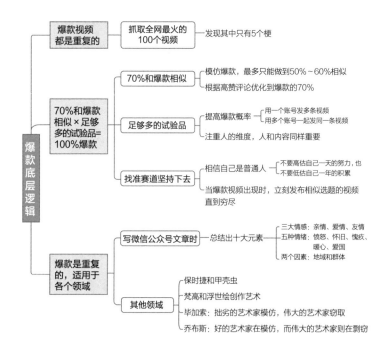

第四章

万能公式：
爆款视频 =黄金 3 秒开头 + 2~5 个评论点 + 互动式结尾

有一次,我去给一家上市公司做内容培训,有位同学问了我一个问题。

他说:"吕白老师,我已经看了很多教我怎么做视频的资料,几万字的理论都看过了,你能不能用一句话教我,到底怎么做爆款视频?"

我说:"你只需要记住一个万能公式就可以了,爆款视频都是这么做出来的。"

这个万能公式就是:爆款视频 = 黄金 3 秒开头 + 2 ~ 5 个评论点 + 互动式结尾。

黄金 3 秒开头会影响完播率,一般只要视频开头足够吸引人,前 3 秒留住用户了,80% 的人都会看完视频。2 ~ 5 个评论点和互动式结尾会影响互动率,用户看了视频能不能自发评论,全看这 2 ~ 5 个评论点和互动式结尾了。

第一节
黄金 3 秒开头

我之前招聘过一名剪辑师,他在传统媒体做了很多年的剪辑工作,面试时我们看了他的作品,觉得很不错,于是决定先试用。

在试用期间,我让他剪辑一个镜头,主要内容是一对恋人在操场看台上听歌,来讲述校园爱情的美好。他最后给我的样片,开头是一段天空远景,我等了足足有 8 秒,镜头才转向了男女主人公,我问他为什么要这么剪辑,他说这是电影留白的方式,电影中经常会用"空镜头"来呈现后续拍摄主体的美好。

我表示非常赞同,然后把他辞退了。为什么呢?

这个画面看起来特别唯美,但是很抱歉,不适合短视频。

在短视频中，冲突、情绪、故事高潮、重点都要往前放，因为用户滑走的成本太低了，一个视频如果不能立刻吸引用户，那用户用不了1秒钟就会滑走。

我在腾讯做视频平台的时候，曾经对20多万条视频做过分析，一条视频如果你可以看完前3秒，大概率也会看完整条视频内容，因为前3秒都没有放弃，一定是对视频有一定兴趣、想要看完的。当越多的人能因为前3秒看完你的视频时，视频的完播率就会上升，进而被推荐算法推送给更多的人。下面给大家分享常见的两种黄金3秒开头法：陈述式和疑问式。

一、陈述式开头

陈述式黄金3秒的常见形式有两种：观点先行和主角介绍，下面展开说明。

1. 观点先行

常见的结构是"谁+做了什么+修饰（热词修饰、细节修饰、程度修饰）"，这种结构做到了开篇点题，简单明了。我们需要重点关注爆款视频在使用"观点先行"时是怎么做修饰的，这是能把开头3秒变成黄金3秒的关键点，这里结合案例为大家分析常见的三种修饰方式：热词修饰、细节修饰和程度修饰。

热词修饰

大家平时可以多关注热点事件，将其中的热词作为素材收集起来，方便使用时调用。

在旅行博主@**房琪 kiki** 发布的视频"大鱼海棠"中，前3秒是这样的："第二次看完《大鱼海棠》，我决定出发去福建找椿的家——神之围楼。"这个开头就用了热词修饰的结构，我（谁）+决定去福建找椿的家（做了什么）+热词修饰（大鱼海棠、神之围楼）。

《大鱼海棠》是上映首日就打破中国国产动画首日票房纪录，收获千万票房的优秀动画作品，本身已经成为一个热词。利用这个热词，你可以吸引同样喜欢《大鱼海棠》的粉丝群体，取得事半功倍的效果，以及这部动画中出现的"神之围楼"这样自带热词属性的词，带有强烈的神秘感，能唤起大家的好奇心。最终这条视频收获了10万+点赞和1000多条评论，大家更是直接在评论区留言《大鱼海棠》中的台词:"你以为你接受的是谁的爱,是一个神的爱情。"

细节修饰

常见的细节修饰包括与行为相关的物品(可以以小见大来表达观点),以及具体的时间天数等。

作家@李筱懿在视频号中用第三人称视角讲述了孟晚舟的故事,这条视频收获了 10 万+点赞,视频的开头是这样的:2018 年 12 月,46 岁的华为副董事长、首席财务官孟晚舟在加拿大被扣押,她带着电子脚镣,被软禁了 700 多天。

这个黄金 3 秒开头是观点先行的陈述式开头:孟晚舟(谁)+在加拿大被扣押(做了什么)+细节修饰(电子镣铐、700 多天),这里的电子脚铐和软禁 700 多天都在强调这个扣押的严重程度,加上国民情怀,自然会吸引大家看完视频并评论。

程度修饰

平时可以多收集一些表达强烈情绪的程度修饰语,打造属于你的黄金 3 秒开头。

动漫自媒体@**一禅小和尚**的很多视频都采用了"观点先行陈述式"的结构,常用"最""很"等表示程度的字来做"程度修饰",比如在主题为"我不聪明但我肯定不傻"的视频中,开头是"我对这个世界最大的误解就是……";又比如在主题为"不刻意维持的关系才真的舒服"的视频中,开头是:很喜欢这种朋友……";还有在主题为"有一种智慧叫不说"的视频中,开头是:聪明人,最了不起的能力是……"。在这些开头中,如果把程度修饰词删除了,那用户继续观看的好奇心和欲望就会大打折扣。

第四章 万能公式：爆款视频＝黄金 3 秒开头＋2~5 个评论点＋互动式结尾

2. 主角介绍

主角＋标签

Vlog 常用这类开头结构，主要的形式是亮出人物的昵称，再加上诸如身份、星座、职业、特点等标签。有特色的标签可以一下子让用户记住。

在旅行博主@**房琪 kiki** 发布的主题为"千里江山图"的爆款视频中，黄金 3 秒开头是："我们是一对 27 岁的小夫妻，用两年时间走过中国 188 座城市"，这里就运用了这个句式：我们（主角）＋两年时间走过中国 188 座城市的小夫妻（标签：职业是旅行博主，两人关系为小夫妻）。这个开头看似简单，其实作用很大，这3秒可以让人记住房琪夫妻二人用两年时间走过中国188座城市的经历，并且突出了"千里江山图"的主题。

我们是一对27岁的小夫妻，用两年时间走过中国188座城市。
百果仙妃农业：打卡一座城，就好似得到一堆碎片，拼出千里江山图那天，她便留在了你心间，讲得太好了

教育博主@**萧大业**发布了这样一条视频："我的父亲和母亲相濡以沫"，这里直接点出了主角是：我的父亲母亲。接下来，他从一个小片段开始讲故事：那年冬天，悄悄地去看爸妈，想给他们一个惊喜，进门看见他们俩坐在窗边安静地看书，画面很温暖……这条视频非常真实朴素，他用父母细小的恩爱生活完美诠释了开篇道出的主题，最终收获了10万+点赞以及6.2万条评论，大家都在祝福且向往拥有像他父母那样的爱情。

生活博主@**夏黎Scarlett**发布的一条Vlog在开头同样使用了"主角介绍陈述式"的结构：我觉得我一回国，真的就是一个土鳖。这里作者给自己贴了两个很有趣的标签：一是自己刚从国外回来——是"海龟"，二是"土鳖"，两

个标签有极强的对比感,大家会感到好奇,为什么从国外回来会觉得自己是土鳖呢?进而把视频看完。原来,这条视频是在介绍杭州的无人酒店有多厉害,用户的好奇心被满足了,视频的整体数据就会不错,最终收获了10万+点赞以及3.2万条评论。

二、疑问式开头

疑问式开头可以刺激用户进行互动,利用发问拉近与用户的距离,在视频一开始就激发用户的情绪。但发问的问题必须是有意义、有争议的问题,如果问题本身没有讨论的价值,反而会让用户觉得无聊直接划走。

常见的 3 种疑问式开头结构是：

（1）"×××＋是什么样/什么体验？"
（2）"你见过/做过/知道/会×××吗？"
（3）"×××（现象/结论/观点），是为什么呢？"

1. ×××＋是什么样/什么体验？

视频号用户@**小璐带娃日记**有一条点赞 10 万＋的爆款视频，开头是"和婆婆一起住是什么样的体验？"，这个问题就使用了疑问式开头：和婆婆一起住＋是什么样的体验？"和婆婆一起住"本身就是一个容易引发讨论的社会话题，大家很好奇她和婆婆一起住到底是愉快还是不愉快。

视频号用户@**楚楚有话说**发布的一条视频讲的是"当一个男人开始晚睡，代表着什么？"，这条视频有 10 万＋点赞，4.5 万次转发，它的黄金 3 秒开头同样使用了疑问式开头：当一个男人开始晚睡＋代表了什么？这个问题吸引了用户的注意力，现代人常常晚睡，熬夜很正常，而这样一个发问并且将群体聚焦在"男人"身上，让人忍不住看下去。男人想看视频中的观点有没有说对，无论对错与否，都有极大的可能去评论；而女人也会好奇另一半为什么晚睡。这样，这条视频就在开头的 3 秒成功地抓住了大批用户的注意力。

2. 你见过/做过/知道/会×××吗？

视频号用户@薇娅viya有一条爆款视频，第一句话是"你会嫁给很穷但很爱你的人吗？"，开头使用了标准的发问模板，是否要嫁给"很穷但很爱你的人"这个话题具有很大的争议性和讨论空间，可以迅速吸引一部分女性用户。

3. ×××（现象/结论/观点），是为什么呢?

视频号用户@**贵州李俊**发布的"为什么火车每次经过这座桥都要鸣笛停留呢?"这条视频的点赞、评论、转发都超过10万，是一条完美的爆款视频。"（为什么）+火车每次经过这座桥都要鸣笛停留（现象）?"这个特殊的问题在视频开头就抓住了所有人的注意力，让我们不禁对背后的故事产生兴趣，一是想搞清楚这座桥到底是什么桥，二是想知道为什么火车每次经过时都要鸣笛，和什么因素有关。

第二节
2~5 个评论点

我们在前文中说过,视频能否进入更大的流量池由算法决定。这个算法是互动率×完播率。互动率=(点赞+评论+转发+收藏)/播放量,其中评论所占的权重很高,一条爆款视频中一定有 2~5 个评论点,可以吸引用户自发去评论。没有争议、没有共鸣的视频一般不会成为爆款。

用户是否多给你的视频评论,本质是看你的视频是否可以在有限时间内提供足够多的信息,且这些信息是能引发评论的,即我们所说的评论点。

我们可以从 4 个维度来增加评论点,分别是:文案、画面、口音、剪辑。

一、文案

我的团队拍过一条视频,文案非常短,"输入 WXN 的时候，你的手机上会出现什么东西？看看是不是我想你。"

很多人看见视频便会立刻开始打字，进而在评论区留言，甚至@好友，带动更多人来互动。

这个文案就自带评论属性，首先用户会因为好奇心，想看看自己的手机上会出现什么，而无论出现什么，都有评论的欲望。

和爱情相关的选题，你还可以用这样的文案，"你打出ZYQ是什么字？如果是在一起，说明你和你的另一半都想在一起。"无论是正在恋爱的人还是已经分手的人，看到这条视频都会有想说的话，然后在评论区写下评论。

与此类似，你的文案还可以和大众喜欢的明星有关，比如"输入yyqx，看看结果是不是易烊千玺"。易烊千玺的粉丝刷到这条视频，就会很开心地在评论区接龙：我也打出来了。

还有一种常见的增加评论点的文案是：故意说错序号、故意算错数、故意说错话等。比如你是一位知识型博主，你在分享干货的时候，说自己要分享4个方法，结果大家看完你的内容发现，你只分享了3个方法，或者你多分享了1个方法，评论区就会有很多人吐槽。这些错误其实并不会影响你的分享，但可以让你的评论区更火爆，从而让更多的人看到你的内容。

类似地，你也可以故意算错数字，评论区可能就会有很多人来评论：你都算错数了，你还教我们。

你不用担心评论区里的吐槽，作为一个内容创作者，本身就是抱着分享内容的初心去做内容的，但在这个被更多人看到的过程中，你注定要学会接受不同的声音和观点。

二、画面

我有个朋友是知识分享型博主，她之前有条视频火了，但她觉得那条视频的内容并不太好，搞不清楚为什么火了，于是她向我询问原因。我打开她的账号，看完了那条视频，内容确实不怎么样，带着疑问我点开评论区看了一下，前5条评论清晰地告诉了我答案。

可能你也想不到，视频火爆的原因仅仅是因为她录制视频那天穿了一件紫色的毛衣，好多用户都在评论区找她要毛衣的购买链接。

这其实就是在画面上设置的评论点，当你制作脚本的能力没有那么强的时候，甚至哪怕你制作的脚本很优秀时，也不要忽视画面这一维度上的评论点。

视频号用户@**哔哩哔哩**发布的 B 站 UP 主"古琴诊所"演奏的《哆啦 A 梦》的曲子，用中式风格演奏西洋音乐，你可能会觉得这种中西结合的演奏方式是这条视频的评论点，而通过看评论区我们会发现，真正打动观众的是画面中出现的小猫咪，以及浑水摸鱼撸猫的乐手。

这条视频的高赞评论有：有个人在打酱油（402个点赞），有个人浑水摸鱼在撸猫哈哈哈哈哈（351个点赞），全程都在看猫（177个点赞）。这个画面中出现的猫咪其实和主题本身毫无关系，但却是很容易吸引观众去评论的内容，大家平时可以多搜集类似的评论点，你会发现很多都和萌宠有关。

还有很多这样的例子。之前抖音有一个"假装不认识"的爆款系列，很多人会在地铁上拍摄，主角是一对男女，

一人抓住扶手，另一人也把手放上去，前面的人把手往上移，后面的人也把手往上移，反复两三次，这时，其中一人突然用手握住另一个人的手。两个人对视一笑，触碰出爱情的火花。

这个系列非常火，也有很多人拍，但当用户审美疲劳的时候，你就很难激起他们评论的欲望了，导致很多视频并没有火起来。可后来还是有一条视频火了，为什么呢？不是因为男女主角有多好看，而是因为在视频的画面中出现了一个路人，这个路人坐在地铁座椅上，抱着公文包，斜着眼睛看这对情侣。

还有一个例子。我有一位朋友之前在三亚度假，拍了穿泳衣的视频，视频火了，她发给我炫耀，说自己轻轻松松就做出了爆款。我说大多数人不是因为你的性感而点赞的，你可以放大照片看看，你的背后很远处有一个穿女性泳装的男人。正是这种反差让这条视频火了。

我们强调评论点要给用户提供足够多的信息，而信息的接收度是会随着用户的接受程度改变的。当类似的选题一再出现时，原本的信息就不能取得同样的效果了，这时候可以通过一些道具来帮助你提供新的评论点。

@多余和毛毛姐在抖音上的爆火，原因之一离不开他那具有极高辨识度的橘色假发，在发型上做文章，是特别好的评论点设置方法。

抖音用户@林末范拍摄的短视频也采用了这种方法,他会戴着一头绿色假发假扮自己的女朋友,这头假发非常毛糙,以至于很多人看了都在评论区留言:"有空给绿毛梳个头发吧,都成绿毛狮王了""你什么时候给她买护发素,买把梳子也可以""绿毛的护发素什么时候众筹?"等,显而易见,这顶绿发就是一个评论点,大家都为它操碎了心。

还有的博主会留很长的刘海，刘海长到都挡住眼睛了，评论区每次都有人求他管管刘海，有空剪剪，说要是剪了一定会更帅。他本人会不知道吗？我觉得不是，但他为什么还是保持着看起来傻傻的刘海呢？

我想，是因为他意识到了，这个刘海会给他带来不少评论，从而提高他的视频的互动率。

因此，当你的视频内容本身不够有评论点时，你可以找找画面中其他的东西来帮你塑造评论点。

三、口音

每个人的声音都不一样，每个地区的方言也不一样，在视频中人物带有口音会让人印象深刻，还容易引发相同地域的人进行评论，所以很多视频会通过不同的口音来增加视频的亮点。

博主@ **GrayDesign** 发布了一条短视频，是 2014 年央视春晚的公益广告，讲述的主题是"一双筷子"，通过筷子来讲述年味和传承了千年的中国文化。在主题呈现上，该视频选择了不同地域人物的片段。开篇是一位爷爷用粤语来逗自己的孙子，很多广东人听到乡音就会直接被代入，甚至是对华南文化感兴趣，或是多年 TVB 剧集粉丝，都会很容易被粤语唤起共鸣。之后还出现了闽南话、四川话、台湾话，极具辨识度的方言配合当地的过年场景，很多人都被这个广告所打动。

有一个很火的街头采访视频，让广东不同地方的路人念"各个国家有各个国家的国歌"，惠州、潮州、河源、雷州等地的人用粤语读出来效果完全不一样，但都像是在说"咯咯咯咯咯咯咯咯咯咯咯咯"，高赞评论是："进养鸡场了""咋下个鸡蛋的速度还不统一呢？"

还有一种视频，是在正常的普通话中突然爆出一句方言，给人一种"惊喜感"。更有甚者，创作者会通过听错话来增加视频评论点，比如在一条视频中，有个男人正在偷女生的钱包，这个女生喊了一声"抓小偷"，前面走路的主角听成了"猪脚粥"，于是他回头说道："哪里？哪里有猪脚粥？"

类似的例子还有很多，比如@**李蠕蠕**是一个靠声音红起来的博主，她经常会通过不同口音来演绎不同的角色形象，在抖音上，她有一条"如果把《后妈茶话会》配成中文＋英文"的爆款视频，有259万点赞和6万多条评论，这条视频下面有很多人夸赞博主的声音演绎能力。

我们说，做爆款内容有十大爆款元素，其中的两个因素是地域和群体，这个在我的《从零开始做内容》结合案例做过说明，这里不作展开。地域因素想要做好，非常直接的方式就是通过口音。

短视频是特别贴近日常的传播媒介，不需要你有播音腔，有些时候，你特别的口音会是你打造评论点的不错选择。

四、剪辑

除了前面说的三种方法，还可以使用剪辑来设置评论点。

可以增添特效，放大你觉得有意思的画面，或者把一些高潮部分剪掉，大家在未尽兴的同时会给你留言，"我差你这点流量吗？""求更新""不带这么玩的"等。

@-黄家荣在视频号有一条10万+点赞的视频，发布文案是"当我妈半夜来查房，最后差点笑出声"。视频内容是他拿着薯片坐在电脑面前，弟弟在床上躺着睡觉，此时妈妈敲门，于是他立马打滚上床，同时背景音效出现"两极反转"，上床时他压到弟弟的膝盖，用剪辑的方式给弟弟的反应来了一个定格。最后，他把弟弟踢到了电脑前的椅子上，并且把薯片放在弟弟手里，然后自己睡觉，背景音效配的是《花园宝宝》动画片中的音效——"晚安"。这时，妈妈进来伸手就要打弟弟，弟弟面目狰狞，背景音乐和字幕同时出现："那个时候，我已经以为，这个世界，我早就已经看破",最后画面定格在弟弟身上。

这条视频的高赞评论正是通过剪辑所体现的亮点:"弟弟不用来背锅的话那就是毫无用处""弟:什么东西压我还那么重?""这套动作熟练的让人心疼"……

@－黄家荣还有另一条爆款视频"一不小心就替天行道了?",在视频号上有近2万点赞,在抖音上则有262万点赞,在这条视频里他同样

利用了剪辑来给视频增加信息密度。

在视频中,他因为各种巧合撞倒了小偷,最后他弯下身伸手拉小偷起来时,书包里的大西瓜掉了出来,看位置正好要砸到小偷的脸上。这时,视频剪辑用一个未落地的西瓜和女生的惊恐表情作为结尾。

西瓜到底有没有砸到小偷的脸?剪辑没有告诉我们。所以,这条视频的前几条高赞评论都聚焦在西瓜和女生最后的表情上,比如"为啥不放西瓜的戏份""西瓜怎么不继续演了,我缺这点流量嘛?""女人:好凶残"。

对剪辑素材的处理,你还可以用"言行不一致"来设置评论点,比如你可以在视频结尾放上下期内容预告,把预告描述得非常吸引人,但是先不发,发布几期别的内容后再发布,这样就会有很多人在评论区催你更新下一期的内容。

动画公司皮克斯为什么可以频繁抱走奥斯卡大奖?因为他们是关注作品评论点的典范。

在一般的动画作品,最多有 8~12 个评论点,而皮克斯在动画作品的每个片段中都设置了评论点,一部片子甚至可能会呈现 30~40 个评论点。皮克斯的"智囊团成员"会对画面一个一个进行分析——是否有评论点?细节是否做到位了?正是这份严谨让他们不断进行迭代,才有了今天的皮克斯。

我们做短视频也是一样,你要想做火 1 个评论点,就至少要设置 5 个评论点。

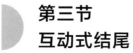

第三节
互动式结尾

我分析过数据,得出这样一个结论:如果你在视频结尾处引导大家关注,真的会提高 20% 的关注率。

为什么?和"氛围"有关。

因为大部分人在刷视频时,大脑都是处于放松状态,在这种氛围下,如果你给他们下指令,他们就特别容易按你说的点击关注。比如有的创作者会在视频结尾鞠躬、比心、求关注,有的创作者会补充一句"建议大家收藏下来",他们会通过给人心理暗示,引导用户进行点赞、转发、收藏和关注。

就像文章要求龙头凤尾一样,短视频结尾也一样,常见的视频结尾分为三种:引导式、共鸣式和反转式。

一、引导式

引导式结尾主要是增强创作者与用户之间的联系,从而引导大家点赞、转发、收藏和关注,提高互动率,常见结构为:口号(我是×××/每天一个×××……)+引导语(关注引导、点赞引导、评论引导),或引导语+口号。

在引导式结尾中,我们可以加上账号的口号来激励用户,传达一个信息:我的账号是做什么的,以及我可以为你提供什么。

搭配口号的引导语大多分为 3 种:关注引导、点赞引导和评论引导。

1. 关注引导

如果想要吸引大家的关注,可以使用这些引导语:关注我/欢迎点个关注/点个订阅,我们接着聊。

视频号用户@**整理师 Anne** 在她的一条讲自律与整理的爆款视频中就用到了这样的方法。

这条视频的结尾是："关注我,通过整理,改变生活！"。这个结尾就是典型的引导式结尾,即引导关注＋账号定位＋口号。通过结尾的引导语,大家会习惯进入视频号主页,查看她的其他视频。

2. 点赞引导

想要吸引大家点赞转发,可以使用这些引导语：如果你赞同的话,欢迎转发评论哦！喜欢就双击屏幕点赞吧！

视频号用户@**胡明瑜幸福力**有一条讲亲情的视频：当父母老了,夜里你还敢关机吗？视频的结论是：子女作为父母

唯一的依靠,我们在夜晚不应该将手机关机。最后的结语则在进行点赞引导："作为子女,如果你也赞同,欢迎转发点赞。"这条视频本身就是情感类的视频,容易引发观看者的情绪共鸣,再加上博主的点赞和转发引导,观看者会更容易将视频转发给身边人观看。

3. 评论引导

想要吸引大家评论,可以使用引导语：你对×××有

什么自己的见解/对于××你怎么看？欢迎在评论区留言告诉我。

博主@**花花的世界**发了一条视频，内容是她采访了二十位通过努力改变自己生活的人，视频的结尾是"你喜欢现在的生活吗？欢迎评论告诉花花你理想的生活。"

这就是评论的引导，视频中已经呈现了不同的人过着不同的生活，可能有和观看者一样的部分，也可能有他们独特的地方。除了自己了解的生活方式，很多人都愿意看一些新鲜的生活态度，评论区出现了很多分享自己的生活方式以及看到别人的生活方式大呼"长见识"的留言评论。

引导式结尾是最为常见，也是最能直观上与观看者进行交互的一种结尾方式，几乎所有类型的视频都可以在结束时使用这种方式。

二、共鸣式

共鸣式结尾大多是整个视频主旨的升华，言简意赅却又耐人寻味，多表现为引起共鸣的金句或象征意义极强的一些事物，容易引人联想和思考，丰富整个视频的内涵。

常见的共鸣式结尾有两种：从语言文案上，用金句、语言升华；从画面细节上，用事物引起共鸣。

1. 语言文案

一般可以对视频的主旨进行概括和升华，常使用一些短小精悍的词句直击痛点，给观众带来情感上的共鸣。

视频号用户@**英语 - 台词**主要是发布英文影视作品中的一些经典的台词和场景，其中一个点赞 10 万 + 的爆款视频就使用了共鸣式结尾，值得回味。

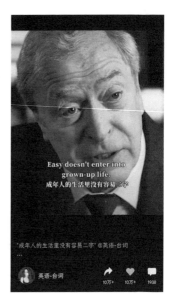

"成年人的生活里没有容易二字"@英语-台词

这条高赞视频选自电影《天气预报员》，文字部分如下：

你知不知道难做的事，和应该做的事，往往是一件事？
凡是有意义的事都不会容易。
成年人的世界没有容易二字。

很短的一个视频，三句话更像是层层递进，最后一句给了人最沉重的一击，让观看者不由地感叹：成年人的世界，真的没有容易可言。

视频号用户@**外滩教育**也有一条爆款视频，是哈佛大学前心理学系教授、临床心理学家乔丹·彼得森（Jordan Peterson）的授课内容视频。他说，一个人如果专注于某一方面，那一方面也确实能做得很好，但是人生不止一方面，人生有多个方方面面，有的人想要将一件事做到150%，也有的人想要将5件事都做到80%。他认为，如果你把自己的人生视为整体，那么完整比完美更加重要。

这条视频的结尾是：如果你把自己的人生视为一个整体，那"完整性"策略就是你的制胜策略。

共鸣式结尾还可以是某一句话。比如有一个爆款视频的内容是，成年人突然梦到自己逝去的妈妈在跟自己吵架，自己在梦里吵不过，然后就开始哭，哭完他又笑着醒来了，结果他发现这只不过是一场梦。最后的结尾是："妈妈，我想你了。"这条视频的评论区被"××，我想你了"刷屏了，大家都在诉说自己的故事，怀念逝去的亲人。

2. 画面细节

不少视频会在结尾放一个画面细节，来引起用户的共鸣,这类结尾多用于情感类、故事叙事类、回忆类视频中,这类视频往往都有一个核心的情感或时间节点,如亲情、友情、爱情、童年、老年、青春等。在这些特定的情感或时间节点中,某个细节会被赋予特殊的情感与回忆,从而让人产生共鸣。

视频号用户@**王蓝莓同学**发布的一条视频的文案是"你卷过没?",画面内容很简单,整体呈漫画风格,有一个穿着校服的女孩,背着双肩包。当她的一只手碰到了书包带子的时候,就开始无意识地卷起来

再松开,再卷起来。直到她惊觉:我为什么要卷书包带子啊?

其实视频内容并不复杂,甚至没有多丰富,可它依旧成了爆款,为什么?因为最后的细节可以和观众产生共鸣。"校服+双肩背包"几乎是所有人学生时代的必备品,承载了所有人对自己青春的回忆,她通过用手卷双肩包带的细节动作,勾起了大家对于青春的回忆,评论区一片"人间真实""我小时候就这样,还能一路卷到家"。

视频号用户@**TOP创意广告**发布过一个暖心广告,主

题为"FATHER（父亲）"。在视频中，一件驼色大衣挂在晾衣架上，外面电闪雷鸣，大雨瓢泼，狂风卷起了很多晾晒的衣物，甚至吹走了固定大衣的一只晾衣夹，大衣却用袖子紧紧缠着晾衣绳不愿松开。视频的结局是雨过天晴，大衣内的一件女式连衣裙、一件小T恤、一件婴儿服和一件小裙子

都出来晒太阳了，它们都是干爽的，而驼色大衣却湿透了。

这条视频以漫画风格描述了像大衣一样的父亲，不管在多么困难的环境和条件下，都会紧紧守护着怀中的妻子和孩子们。

这样的内容，换成真人来拍也是可以的。

我记得之前看过一条爆款视频，讲的是父亲患有老年痴呆症，却还是没有忘记参加女儿的婚礼，把女儿送到女婿的手里，然后视频的结尾是他转身离开，女儿问他去哪里，他说我的女儿要放学了，我要去接我女儿。画面最后定格在老父亲沧桑的脸上，那张脸布满了皱纹。

于是大家都在评论，最后一幕让自己想起了爸爸。

三、反转式

反转式结尾在很多电影作品中都能看到，就是在你认为自己猜到了故事的发展与结局时，结局偏偏是相反的方向。

短视频中的反转式结尾多用在叙事性较强的视频中，如 Vlog 类、剧情类、影视剧剪辑类作品等。反转可以达到很多种效果，生活类 Vlog 类多渲染轻松快乐的氛围，反转后以诙谐幽默为主；故事类、剧情类则是反转后剧情极速变化，让人紧张又刺激。

在分析了很多反转结尾视频后，我总结了一个通用公式。

反转 = 铺垫（逻辑 A）+ 转折点（一个触发事件或触发时间点）+ 结局（逻辑 B）。

反转式结尾大多由两部分组成，第一部分是视频前面的一句或几句话，我们把它叫做铺垫；第二部分是后面的内容，我们把它叫做结局。

其中，铺垫是建立第一个思路，把观众的思路引向方向 A，这个思路是创作者想让观众认为的逻辑；而结局是揭示第二个思路，把观众的思路引向方向 B，也就是整个事件原本的逻辑。而 A 与 B 之间有着很明显的反差，前面的逻辑 A 大多平实叙事，使一件事看起来在顺利发展，而反转之后的逻辑 B 则不然，极有可能是完全推翻了 A 中的逻辑、叙事与可能结果，情节跌宕起伏，发展紧凑有力，一张一弛，松紧有度，反转的魅力也就体现于此。

视频号用户@**欧美设计小站**发布了一个主题为"给孩子准备的毕业礼物"的视频，讲述的是父母给儿子准备了大学毕业的礼物，当儿子摘下眼罩后，并没有看到父亲身旁的礼物，而是看到了路边的一辆炫酷的跑车。他兴奋地冲向路边，激动地大喊，甚至打电话叫朋友一起来看，父母见他开

心的样子也就没打断他。直到邻居出来开走了跑车，儿子一脸懵：他怎么能偷走我的车呢？原来父母给他准备的是父亲身旁的礼物——一个小冰箱，并非那辆跑车。

显然，这里的铺垫逻辑 A，就是父母送给孩子的毕业礼物是跑车，结局逻辑 B 则是，毕业礼物是小冰箱，而跑车是邻居的，转折点则是邻居出门开走了跑车。

如果这个故事只是讲述父母给孩子送了跑车，或者父

第四章 万能公式：爆款视频＝黄金3秒开头＋2~5个评论点＋互动式结尾

母给孩子送了冰箱，那它大概率不具备成为爆款的潜质。但有反转剧情的视频，戏剧效果立刻就出来了，误会错了礼物时有多兴奋难耐，了解到真相那一刻就有多荒诞好笑。

视频号用户@**赫赫情感段子**也发布了一个小情侣吵架的视频，转发和点赞均破10万，两人因为吵架冷战，女方删掉了男方的微信好友，而男方感到不满，双方正在车上争吵。争吵后双方开始沉默，本以为接下来的剧情会是不欢而散，反转又出现了。

男：行了行了我不跟你吵……加个微信呗？

女：加呗！

之后两人甜蜜地相视一笑，矛盾化解，相互给对方一个台阶下。

铺垫逻辑A：男女吵架冷战，可能的后果就是两人分手；结局逻辑B：两人和好，矛盾解除，呼应文案。转折点：双方在沉默后，男方选择掏出手机重新加微信。

这条视频配的文案是："当吵架过后双方都有台阶下，那么吵架就是一种情趣了……"如果没有剧情，只是说教式教育，那可能没什么人愿意转发和点赞。通过一个情节的反转，欲扬先抑，更能突出双方让步能给这段亲密关系带来的好处。

这就是反转的魅力，反转带来的视觉冲击和精神体会，是平铺直叙很难达到的效果。

第四节
案例分析

讲完上面这些方法后,我将从几个不同品类的案例中,为你分析这些爆款视频是如何运用这条黄金公式的。

情感类

视频号用户@薇娅 viya 发布了一条富养妻子的视频,点赞超过 10 万,有 2000 多条评论。

标题:富养女人的老公,都是什么样?

文案:

富养妻子,才是一个男人稳赚不赔的投资。

之前一直有人说，我嫁了一个比自己大十几岁的老男人，其实，他只比我大三岁，在最初没有助理的情况下，他包揽了所有的幕后工作，让我安心工作。自己穿几十块钱的T恤，却总想方设法给我最好的。遇到事业瓶颈时，总是自己担下所有，从不抱怨我工作繁忙，没时间顾家，陪我出差加班，熬夜也从不缺席。

我总跟别人说我的作息时间是跟大家不一样的，但是他的作息时间是跟我一样的。当有人说因为他才有今天的薇娅时，他总是一口否定。跟他在一起时，我从未羡慕过别人。好男人会富养你，理解你，并成为那个帮你兜底的人。

相信我，富养妻子才是一个男人稳赚不赔的投资。

这个视频的黄金3秒是"富养妻子，才是一个男人稳赚不赔的投资"，这句话对应着标题"富养女人的老公都是什么样？"带货女主播出身的薇娅的粉丝看到这个开头会很好奇她背后的那个男人是怎么对她的。

接下来，视频正文内容开始：

"我嫁了一个比自己大十几岁的老男人，其实，他只比我大三岁"，无论是不是薇娅的粉丝，刷到的人都会被吸引，"老男人""大十几岁"是具有很大对比性和争议性的议题，是整个视频的噱头，观看者本来想看看嫁了这样一个人有什么"下场",却又峰回路转"其实……"

接着,薇娅又抛出一个又一个爆点(秀恩爱),将用户的情绪推到高潮:

"自己穿几十块钱的T恤,却总想方设法给我最好的。"——牺牲自己,疼爱老婆。

"不抱怨我工作繁忙,没时间顾家,陪我出差加班,熬夜也从不缺席。"——默默付出,理解陪伴。

"当有人说因为他才有今天的薇娅时,他总是一口否定。"——不求认可,不求回报。

以上任何一点,多数人的老公未必都能做得很好,但是薇娅的老公全都可以,所以但凡看完视频的人不管是羡慕、嫉妒还是质疑、吐槽,都会给这条视频带来热度和流量,那么这些恩爱就秀得非常成功。

最后,她用"相信我,富养妻子才是一个男人稳赚不赔的投资"结尾,对秀恩爱进行了升华。

首尾呼应,笼络了所有看视频的人,不管是粉丝还是路人,男人还是女人,瞬间都会带着动容的心情去背诵这个金句。

我们再看看评论区,会发现高赞评论就是在重复她视频中的文案观点,如:

"一个成功的女人背后一定有一个伟大的男人,同意的点个赞。"

"爱有很多种,而最幸福的爱是陪伴。"

"这就是两个人之间最好的状态，TA 是你，但也是自己。"

评论是最能反映内容是否具有爆款潜质的指标，在这条视频的评论区可以看到大家的大量共鸣与思考，理解和争论，所以这条视频火了。

套用她的这个方法，并运用我们的黄金公式，你也可以做出这种题材的爆款视频：

和大叔/总裁谈恋爱是什么体验？

恋爱中富养和穷养有什么区别？

旅行类

视频号用户@ **房琪 kiki** 发布了一条千里江山图的视频，点赞 10 万＋，1 万多条评论。

标题：我们是一对 27 岁的小夫妻，用两年时间走过中国 188 座城市。

文案：

我们是一对 27 岁的小夫妻，用两年时间去了中国 188 座城市，背着 30 多斤的相机包，拎着千疮百孔的行李箱，拍摄了几十个 T 的素材，"亲眼看看美丽的风景会上瘾，我们戒不掉旅行"。

我戒不掉白色的东北平原，驯鹿在森林里忽现，松花江上飘着漫天大雪。

我戒不掉江南的烟花三月，荷花次第盛开，轻罗小扇缓缓来。

我戒不掉6月的广西，遇龙河上平缓宁静，德天瀑布像一场天外洒落的雨。

我戒不掉腾格里沙漠的英气，怀念在沙坡头支个帐篷等日出出现的豪情。

小时候，家人说，你要出去看看外面的世界。

长大了才明白，所谓眼界，不只是看过的书，更有走过的路。

打卡一座城，就好似得到一枚碎片，拼出千里江山图那天，它便留在你心间。

这条视频的黄金3秒在于博主自述的那句话"我们是一对27岁的小夫妻，用两年时间去了中国188座城市"。很多旅游博主的视频内容大致都是自己去过的地方，千篇一律，但是@**房琪kiki**在这个大范围里加入了自己的特点，让自己有别于其他旅游博主。"27岁的小夫妻"就很抓人眼球，27岁的年纪本是年轻人的事业关键期，但他们不为柴米油盐所困，仿佛也不用面对生活中的鸡零狗碎，用两年时间陪伴彼此去旅行，一起去体会未知甜美的事，他们用自己的故事告诉我们，历遍山河，人间值得。带着甜美的爱情一起浪迹天涯，这样浪漫的事怎么会不击中大家的心呢？

视频中四个"我戒不掉……"的排比句层层递进，把大家羡慕、惊喜、欣赏的情感推到高潮，同时视频展现了四个地方的景色，带着大家"云旅游"。@**房琪kiki**的文笔也为视频内容带来一些意境：驯鹿忽现；荷花次第盛开，轻罗小扇缓缓来；德天瀑布像一场天外洒落的雨……这些修辞都让人浮想联翩。旅游博主的内容想要做得出彩就得有自己的特色，优美的文笔、炫酷的拍摄技巧、独特的摄影风格都可以为自己加分，与同类型博主区分，@**房琪kiki**就知道充分发挥自己的特色，并将其运用在视频中成为爆点。

最后一句，她用"打卡一座城，就好似得到一枚碎片，拼出千里江山图那天，它便留在你心间"结尾，优美得像一首诗，完美升华了视频内容，将个人旅行喜好升华到对祖国大好河山的热爱，引起了用户的共鸣，千里江山图是多么宏大的意象，山势绵亘，水天一色，流溪飞泉，波涛烟霭，让大家在对祖国山河壮丽多姿的无限遐想中默默点赞，实在高明。

第四章 万能公式：爆款视频＝黄金3秒开头＋2~5个评论点＋互动式结尾

认知类

视频号用户@**高个子敏哥**发布了一条关于家政阿姨的视频，有10万+点赞和9349条评论。

标题：做生意一定要找对人，没想到家政阿姨也明白的道理……

文案：

我被家政阿姨上了一课。

前段时间家里的保姆请假回家了，朋友帮我临时找了一个家政阿姨来家里搞卫生。

没想到，阿姨做事特别勤快，扫地、做饭、擦玻璃，甚至还帮我把柜子里的衣服都烫得整整齐齐，服务远远超出了我的预期。

我对阿姨说，你做得很棒，不如我帮你介绍一些新客户吧。

阿姨先是迟疑了一下，想了想才跟我说，可以是可以，但是我不接穷人家的单子，因为他们总是以各种理由扣我的钱，我做得不开心；我也不做有老人家的清洁，他们会嫌我浪费他家的水电。

我在这行做了好多年了，有自己的固定客源，而且都是我要的类型。

阿姨的这番话突然让我陷入了沉思。

当你的业务能力达到了一定的高度，就等于拥有了选择客户的权利，而不是让客户选择你。

商业的本质就是你永远不能满足所有人，只有找到对的人，你的服务才更有价值。你认同吗？

这条视频的黄金 3 秒在于第一句话"我被家政阿姨上了一课。"这句话足够抓人心,形成对比,留下疑问。

首先,如果是博主的粉丝刷到这条视频,他们知道博主是品牌创始人,家境优渥学识出众,怎么会被家政阿姨上课呢?他们会很好奇到底是怎么被上课了,上的什么课。如果是普通用户刷到这条视频,看到视频里明明是一个衣着光鲜,无论是办公室还是家里都豪华气派的女人,会好奇她为什么会被家政阿姨上课呢?会不会是噱头?

这些用户的疑问和好奇心就是黄金 3 秒的关键,直接吸引用户的注意力,勾起用户想要一探究竟的欲望。

后面爆点开始一一浮现:

(1) 对于临时找来的阿姨,本以为她会因为不熟悉而做不好事情,没想到"服务远远超出了我的预期"。

(2) 想给阿姨介绍客户,阿姨却迟疑了,居然还对自己的客户提出要求。

(3) "我不接穷人家的单子,因为他们总是以各种理由扣我的钱,我做得不开心;我也不做有老人家的清洁,他们会嫌我浪费他家的水电",阿姨不但对自己的工作能力有相当的自信和认知,也对自己的客户有了解和把握,这样的家政阿姨你见过吗?

(4) 身为品牌创始人的博主却仔细思考了家政阿姨的

话，无论对方是什么出身和职业，她都保持平等对话，不会表现出一副高高在上的样子，还悟出了可以用在商业场上的道理。这样的品牌创始人你不喜欢吗？

一个个转折虽然出乎意料却在情理之中，解释了开头黄金 3 秒埋下的疑问，而且金句频出，让人回味思考。

最后的结果并没有因为阿姨的话说完了就潦草结束，博主还总结了自己的观点："当你的业务能力达到了一定的高度，就等于拥有了选择客户的权利，而不是让客户选择你。商业的本质就是你永远不能满足所有人，只有找到对的人，你的服务才更有价值。"

这样的视频内容能够让用户受益，会让他们觉得视频很有意义，从中学到了东西，让他们在认同观点的同时默

默点赞，是完美的金句结尾模板。

剧情类

视频号用户@**周瑞甲**发布了一条剧情类的视频，有10万+点赞和2040条评论。

标题： 不要总在鸡毛蒜皮的小事上浪费自己的资源。

文案：

保安：哎哎哎哎，这里不准停车！出去出去！

司机：这不是公共车位吗，怎么不能停？

保安：车子进来都要报备的，没报备的不准进。

司机：这车上坐得可是萃青集团的老总！

保安：我管你是谁啊，挪走！

司机（下车）：你们老板是不是王总，你等着，我给他打个电话。

老总（按住电话，给保安递了包烟）：兄弟通融一下，这附近没有车位了，上去办点事儿就下来。

保安（笑）：那行，那你弄好早点下来。

老总（笑）：麻烦了麻烦了。

司机（不解）：周总，我给王总打个电话的事情，用得着这么客气吗？

老总：用小钱就能解决的事情，就不要轻易动用人脉。有价值的人脉，要留到最重要的时刻再用。

司机：您不是说人脉是麻烦出来的吗？

老总：那是搭建人脉的方法。已经建立好的人脉，就不要总用在鸡毛蒜皮的小事上。次数多了，人脉就贬值了。记好了，为有价值的事情动用人脉，是对别人能力的尊重，也是人脉正确的价值转换。

剧情类的视频黄金3秒非常重要，第一个画面就应该是故事冲突。

这个视频的黄金3秒是保安和司机的对话，环境是停车场，保安穿着制服大吼大叫，司机在车里好声好气地询问着，这种生活中高度再现的情景很容易引起用户的共鸣，而这样的停车故事跟"不要总在鸡毛蒜皮的小事上浪费自己的资源"的标题又有什么关系呢？一系列铺垫抓住了用户的好奇心。

视频的色调也是偏冷色，在保安跟司机对话时出现悬疑气氛的背景音，让人浮想联翩，这到底是在讲什么事？

中间的爆点就是剧情转折，本来司机跟保安的争吵一触即发，司机情绪激动地说要给保安的老板打电话，坐在车里的老总下车，本来以为老总不耐烦了，没想到老总不但按住了司机准备拨出的电话，还塞给保安一包烟，跟保安商量办完事马上就把车开走。视频中保安和司机的反应都是正常的，让人很有代入感，这些情景就是生活中常常发生的，而老总的表现却让人感到意外。让用户的心情随着剧情的发展跌宕起伏，这是将剧情转折点变成视频爆点的完美案例。

在这里，视频也埋了一个评论点——这样做是不是对的？因此评论区也有很多人评论：这么恶劣的风气就是因为你们这些有钱人导致的。

当然，在结尾处，老总也表达了自己的观点，他的观点对整个故事做了升华："为有价值的事情动用人脉，是对别人能力的尊重，也是人脉正确的价值转换。"这看似是停车引发的小摩擦，却引出这样一个简单却让人受益终身的道理。

用户是带着提高认知的心态来看的，最后带着收获看完，于是纷纷点赞，这就是恰到好处的共鸣式结尾。

我对这个视频也很有共鸣，不由得想起了自己的经历。

有一次，我去见一位公司老总，开车进园区时也因为停车被拦住了，保安越强硬我就越生气，觉得"我是被邀请过来当嘉宾的，你居然还拦我？"于是我给老总打电话说明情况，老总当即吩咐助理来接我。几分钟后老总的助理就来停车场接我了，但我没想到的是，光是跟着助理来的人就有两个，一个司机，负责帮我把车停好；一个园区的安保负责人，见面就劈头盖脸把保安说了一顿。就这样，在见老总之前，我就惊动了四个人。

虽然后来跟老总的洽谈很愉快，促成了合作，也算是和这位老总成了朋友，但因为一次停车就消耗了这样的人脉，我后来反思认为这样做确实也不值。

第五节
本章小结

对于爆款视频创作,我们可以参考下面这个公式:爆款视频=黄金3秒开头+2~5个评论点+互动式结尾。

(1) **黄金3秒开头:陈述式和疑问式**。你可以使用陈述式,用观点先行的"谁+做了什么+修饰(热词修饰、细节修饰、程度修饰)"句式亮出主题,还可以使用主角介绍的"主角+标签(身份、学历、职业、特定人群……)"介绍视频主角身上与众不同的标签,吸引大家关注。你可以使用"×××+是什么样/什么体验?""你见过/做过/知道/会×××吗?""×××(现象/结论/观点),是为什么呢?"这3个句式结构,对特定的人、事、物进行发问。

(2) 2~5个评论点：可以从文案、画面、口音和剪辑4个维度来增加评论点。

(3) 互动式结尾：引导式、共鸣式和反转式。你可以利用互动式结尾吸引用户点赞、关注和评论，同时用一句口号强化用户对你的认知，别错过这个结构："口号（我是×××/每天一个×××……）+引导语（关注引导、点赞引导、评论引导）"；你还可以利用共鸣式的金句升华："××（主旨、主题词）+是怎样的（修饰）"，"××（主题）+该怎么做（解决办法）"，或是在视频中插入核心情感或时间节点，如亲情、友情、爱情、童年、老年、青春等来引发大家的共鸣，从而引发互动；最后你还可以考虑反转式，"反转=铺垫（逻辑A）+转折点（一个触发事件或触发时间点）+结局（逻辑B）"，给大家带来新的视觉冲击，留下深刻印象。

第四章 万能公式：爆款视频＝黄金3秒开头＋2~5个评论点＋互动式结尾

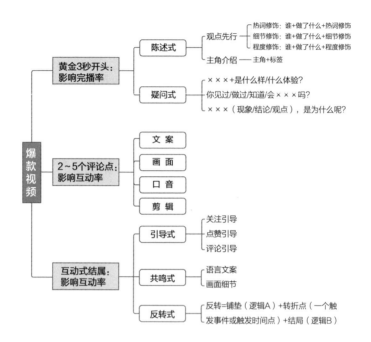

第五章

选题分级：
根据翻拍的爆款率来分 S 级、A 级、B 级想要做出爆款视频，就要找准爆款元素，了解一条视频究竟是因为什么火。

当我给团队成员培训后，他们觉得自己都听明白了，非常有干劲，想立刻开始写脚本、拍摄。结果不出三天，原本兴冲冲上场的他们就耷拉着脑袋回来了，因为他们找了很多爆款选题直接拿来拍，但数据没有什么起色，我看了一下他们拍的视频和准备的素材，和我的猜测一样，他们没有认真分析爆款视频。

我和他们讲了牛顿的故事。众所周知，牛顿因为一颗苹果而发现万有引力定律，他还有一句脍炙人口的话，"如果我比别人看得更远，那是因为我站在巨人的肩膀上。"你以为这句话是自谦吗？我认为不是，每一个伟人的研究成果都离不开前人，如果从零开始研究，恐怕你最多只能到达和前人一样的高度，而站在巨人的肩膀则能取得更大的成就和创新。

所以，我们一定要站在巨人的肩膀上找到爆款视频。如果一个视频被翻拍3次都能成为爆款，那我们可以认为这个视频脚本是可以拿来参考并进行优化和创新的,因为如果一个视频被翻拍三次都能火,就说明视频的火和创作者的个人特点没有太大相关;但如果一个视频只火了一次,我们就应该斟酌一下,因为它成为爆款视频可能和创作者的个人特点等因素相关。

第一节
选题误区

你以为视频火的原因不一定是它真正火的原因。

旅游博主@**CC-BB**发布的一条拍摄哈尔施塔特小镇风景的视频,收获了10万+点赞。看到这里,大家可以先在视频号里搜索这条视频,然后试着拆解一下,是什么原因让这条视频火了。

在我做案例分析时,很多学员会告诉我,因为风景好看,或是因为视频下方的文案写得好,其实都不对。它真正火的原因是很多人曾经去过哈

尔施塔特，而这些去过此地的人留下的美好评论推动着这条视频火了起来。不少网友在评论区写下了自己游玩时的回忆。

高赞评论1：有幸去住过。那是我（在）欧洲最喜欢的地方之一，你在夏夜能看见天上闪烁的星星，天空的颜色就像是无意打翻的颜料，令人惊奇又那么美丽。湖泊静静的，小建筑序数排列，人们还会在自家阳台上养起绣球花，惬意充满了每一分每一秒。(357个点赞)

高赞评论2：在湖边住了一个晚上，清早起来在湖边散步，湖面在清晨的阳光中泛起阵阵涟漪，湖中倒映着岸边的一幢幢各具特色的小楼，美丽，安逸，真的想留在这像仙境一般（的）小镇。(39个点赞)

高赞评论3：勾起美好的回忆，还想再次去哈尔施塔特小镇……(17个点赞)

高赞评论4：去年欧洲之行最喜欢的地方。(16个点赞)

如果只是一个风景独美的视频，大家可能只会简单浏览一下，可能都吝于点赞；可这美丽的景色有人曾观赏过，那就不一样了。这片景色不再是简单的美景，而是充满回忆与震撼的美景，承载着记忆的美景，才更有互动性，更有话聊。

此外,有态度的观点也可能使视频火爆。比如高赞评论:

其实还有许多更好的,保密。好好建设我们自己的国家吧,金山银山真的就是绿水青山。想想看,这个小镇每年给奥地利和当地民众带来多少财富!(86个点赞)

这是一条别具一格的评论,从一个新颖的角度切入:我们国家也有这样的美景,只是我们要多保护环境,这样才能实现可持续发展。新颖的角度与正能量的倡导也受到大家的认可,这将美景欣赏又上升到一个新的高度:生态的保护。

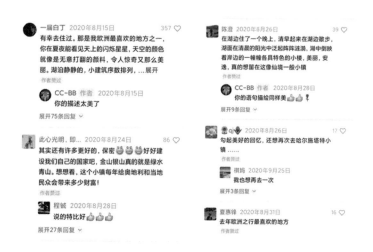

这条视频内容很明显能调动大家的情绪,让大家回忆起曾经浏览此地时的情景,以及自己对于风景的看法,自

然就收获了高赞和热评。

这就是我们研究爆款视频初期容易犯下的错误,看到爆款视频就拆解,却不推敲一下拆解的方向是否正确,或者思考是否深入。在实际拆解中,我们还需要看得更加仔细,真正看懂爆款视频,了解哪些是适合自己的、可复制的爆款视频,你需要用本章第二节和第三节中的两个方法反复练习。

第二节
方法1：从评论区感知用户

关注高赞评论，从高赞评论中了解一条视频火的真正原因，从而确定爆款选题。

在罗列出爆款选题后，你需要分析这些选题是否适合你，是否符合账号的定位与发展方向。

一般来说，高颜值、强IP账号的作品都不适合模仿。

高颜值：比如打算做时尚美妆类账号，你可以参考号榜发布的时尚美妆榜单。如果你不是颜值特别高的人，则榜单上的高颜值主角的视频内容就很可能不大适合你翻拍。

强IP：比如动漫自媒体@**一禅小和尚**，作为一个百万粉丝的大号，视频内容多是用一禅小和尚的形象讲述情感道理。在2020年8月5日发布的时长18秒的视频中，一禅小和尚悠然地吹蒲公英、荡秋千，加上它的独白，表现出君子之交淡如水的主题，最终收获 2.9 亿次播放，1023.8 万个点赞。但是如果你模仿一禅小和尚的视频，就很难达到同样的数据量，因为一禅小和尚已经成为一个强 IP，在选题好的基础上，IP 还能给到很强的助推作用，这是普通账号无法模仿的。

同样，视频号用户@ seven. su 发布的《踏山河》成了一条爆款视频，这首歌是博主之前在抖音火过的作品。如果你同样举着手机翻拍这条视频，哪怕你唱得也很不错，也不一定能成爆款视频，因为这首歌和歌手本人强关联，唱得好坏不如歌手本人重要。

从评论区中感知用户，找到自我表达和用户需求的交集，你需要非常仔细，才不会错过评论区里的隐藏爆款元素。

你甚至可以依据评论区中的用户反馈做选题。比如视频号用户@吴岱林发布了一条自己弹唱《白月光与朱砂痣》的视频，获得10万+点赞和1234条评论，其中的一条高赞评论是：

一直都不知道白月光与朱砂痣的区别："原来寄予希望却无法拥有的叫白月光，拥有却无法再拥抱的人叫朱砂痣"。

这条评论收获了1681个点赞和47条回复，可见很多人虽然听了音乐，但是并不明白到底什么是白月光、什么是朱砂痣，而这条评论给出了答案。

紧接着，很多视频号发布了直接用这段高赞评论作为文案的视频，获得上高赞。

所以，学会从评论区中感知用户，找到合适的爆款元素十分重要，剔除高颜值和强IP的影响，你积累的素材库绝对可以成为你独一无二的爆款宝藏库。

第三节
方法2：搭建爆款选题分级库

学会找到爆款，而不是做出爆款，我们要优先翻拍爆款率高且翻拍率高的作品，因为我们的目标是将账号做大做好，内容越火、被越多人看到越好。这才是内容创作的意义。

那么从目标出发倒推，为了获得更高曝光率，得到更多的认可，我们就应该提高选题的质量，争取让爆款率最大化。这时候就不得不提一个非常重要的前期准备工作——搭建选题分级库。

我会搭建爆款选题分级库，将选题分为S级、A级、B级。

下面先给大家介绍两种搜集选题素材的方法。

第一个方法，利用数据平台，比如新榜平台可以看抖音、快手、视频号等平台账号的数据，你可以在这些平台按类别搜索榜单，找到对标账号，然后观察、分析这些账号的数据。

第二个方法，搜索+互动，直接在视频号上搜索你的账号定位所对应的关键词，比如教育类账号可搜索"英语""口语"，知识类账号可搜索"经济思维""投资"等，找到高赞视频，收集它们的数。同时，多点赞、多收藏，当你点赞和收藏的次数逐渐增多时，平台和你之间的互动也会越来越精准，进而给你推荐非常精准的视频，达到一定程度，你甚至可以放弃搜索，直接等着推送就好了。

第五章　选题分级：根据翻拍的爆款率来分 S 级、A 级、B 级

两种方法搭配使用，你就可以找到大量的素材，哪些素材是值得我们关注的呢？哪些素材可能为你的创作提供源源不断的创造力呢？你需要给你的素材做分级，要重点搜集：S 级、A 级、B 级这 3 类选题的素材。

一、S 级

特点：

- 在各个平台（视频号、抖音、快手）都是爆款
- 被翻拍 3 次以上，且作品点赞全部上万

这类视频有很大的爆款概率，只要你跟着翻拍，不出意外也能成为爆款视频。

案例 1：赚钱

和钱有关的话题，特别容易吸引大众，因此，和"赚钱"相关的观点、故事、方法论分享，都是各平台上经久不衰的爆款选题。

第五章 选题分级：根据翻拍的爆款率来分S级、A级、B级

在小红书上，我们输入赚钱、副业、兼职、月入过万等"赚钱"类目下的关键词，可以看到非常多点赞、收藏10万+的爆款选题，比如："赚钱攻略！不可错过的10个赚钱方式！不看巨亏""基金入门干货！保姆级教程！看完一起赚钱""暑假学起来！5个帮你赚钱的技能"等。

抖音上也有很多爆款案例，@**兔子彭小姐**分享了通过刻意练习PPT 200多天的赚钱经历，这条视频最终收获了72.9万赞，因为很多人都想知道如何通过PPT赚钱。

诸如"学生党寒假打工兼职推荐""大学生如何通过兼职赚到 10 万元""职场人士如何兼职做副业"等选题，都非常有可能成为爆款视频。

除了赚钱方法论的分享，赚钱方面观点和故事同样是爆款选题的方向。

抖音博主@**汪梦云**有一条视频的主题是"有生之年：学会赚钱"，在视频中，她分享了自己的赚钱观点：轻财足以聚人，律己足以服人，量宽足以得人，身先足以率人。这个观点打动了很多人，这条视频收获了 186.3 万点赞。

第五章 选题分级：根据翻拍的爆款率来分 S 级、A 级、B 级

抖音博主@**创业找崔磊**和大家分享了知名企业家钱峰雷赚钱的故事，其中一个故事是，钱峰雷在李亚鹏的慈善晚会上豪撒 2000 万元拍下其中一件拍卖品，李亚鹏调侃他是"钱多多"，他说："我没时间出力，不如出点钱，挺好"。博主是想通过这个事例来告诉大家"越是渴望赚钱，越要学会分钱"，这句话得到了很多人的认可和支持，评论区的高赞评论之一是：满满的都是福利。最终，该视频收获了 150.7 万个点赞。

和赚钱有关的分享，在视频号上也是爆款频出。比如视频号博主@**楚楚有话**产出了很多条爆款视频，其中一条爆款视频的主题是"钱到底是用来干嘛的？"文案如下：

钱到底是用来干什么的？40年前，如果你将1200元全买成黄金，放在现在价值将超过百万元；40年前，如果你将1200元全买成可口可乐的股票，现在市值将超过千万元；40年前，如果你用1200元在北京市中心的黄金地段买个院子，今天起拍价就能过亿元；40年前，如果你将1200元全部存入银行，到今天你会有2684元，够你买一辆电动车。历史反复证明，钱不是用来存的，是用来投资的，钱只有流动起来，才能产生价值，关注我，分享更多人生智慧！

@**楚楚有话**通过40年前对1200元钱的不同处理方式导致的40年后的财富数量，生动地告诉大家钱是用来投资的，而不是用来存的。当然，这条内容也引起了评论区的争议，有人质疑40年前拥有一千多元的普遍性，人们如果在那时用这笔钱来投资，就会饿死；也有人认为，这是穷人越穷、富人越富的现象。所以，S级选题的特点之一是，极容易引起争议，覆盖人群广，大家都可以对此内容发表观点和看法，而互动率本身就是影响视频能否成为爆款的关键因素。

第五章 选题分级：根据翻拍的爆款率来分 S 级、A 级、B 级

案例 2：一个普通人的十年

抖音博主@**哈佛学长** LEO 在 2020 年 4 月 13 日发布的视频"一个 90 后男生的奋斗十年"点赞破百万，仅用 200 多字就讲述了自己从 18 岁到 28 岁中取得的成就：

18 岁，从国内高中考进耶鲁本科，获四年全奖；22 岁，本科毕业，进入华尔街投行工作，往后两年，每周工作 80 小时，参与多个 IPO 项目；24 岁，告别金融行业高年

薪工作，追逐梦想，首次创业；25岁，被哈佛大学录取，攻读工商管理学硕士兼顾创业；26岁，出版第一本书，获当当年度作家；27岁，继续哈佛学业，加入新公司，参与文化投资事业；28岁，升任联席总裁，成为福布斯U30精英，公司项目成功；28岁半，从哈佛MBA毕业，继续职场人的奋斗之旅。未来，依旧勇敢去闯！

在评论区，博主自己留言："没有背景，没法拼爹，那就好好自己干，获得想要的生活！"这条留言获得4.2万个

点赞。这个文案也彻底火了，很多人纷纷使用这个模板来作为个人经历的创作模板，比如"一个80后的十年""一个普通男孩/女孩的十年"等。

在视频号上，@**英语雪莉老师**也发布了主题为"一个普通女孩的十年"的视频：

那一年，我还在小县城读高中。因为父亲是化学老师，所以高二时我选择了理科，高考676分被北京邮电大学录取，第一志愿报的是通信专业，差点成为"程序媛"，结果差3分，被调剂到了英语专业。那时我的英语并不好，也并不是很喜欢英语，但是复读一年会给家里增加太多压力，所以还是踏上了去北京的火车，硬着头皮开始学英文。毕业后我去了一家培训机构当老师，边工作攒学费，边申请研究生，打工一年，成功申到香港中文大学翻译专业。一个人来到香港，我住在客厅用帘子做的隔断间，继续在英语学习的路上努力前行，收获了更多知识和眼界。同时我进入某知名教育机构，成为一名普通的讲师。从一开始的小白老师，到成为学员喜爱的明星教师，给所有老师做教学培训，公开课场场爆满。我开始做短视频，分享英文学习知识。随着越来越多人喜欢我的视频，我开始直播教英语。两个多月以来，我坚持每天直播，直播间从一开始只有十几个人，到一百多人，到一千多人，到超过1万人，知识改变了我的命运，我也帮助了成千上万想要改变的同学们，感谢每一位为我点赞、进行分享、关注我的家人。

大家同样为她的成长史所感动，"成长是一部最真实的励志剧。感动你！感动我！"这条评论获得了1049个点赞，"越是敢把之前的心酸过往展现出来，越能证明现在的强大，这种反差是有着绝对的实力支撑着的，谢谢老师"这条评论获得了735个点赞，"建议分享下变美的主题，十年感觉到了人的质变"这条评论获得了385个点赞。

由此可见,大家都对这种成长变化类的视频充满兴趣,因为我们可以从他人身上看到自己的影子,或看到未来自己想成为的样子。

案例3:抓鸭子

抖音上火爆的"抓鸭子"视频,来自@笑哈寝室发布的一条爆款视频,几个女生在寝室玩一个叫"抓鸭子"的游戏。

(图片来自飞瓜数据,2021年1月24日截图)

这条视频下的一条高赞评论加速了这条视频之后的火爆：抓鸭子，抓几只，抓一万只，抓着了，嘎一宿（19.3万个点赞）。这条评论直接带动评论区开始接龙叫"嘎"。

随后这条视频成为全网爆款，单就抖音而言，2个月内翻拍该视频点赞破百万的作品就多达14条。

在视频号，依据号榜2021年1月24日的搜索结果，这条视频被翻拍次数也远超3次，且有3条翻拍视频内容点赞破万，详情见下图。其中，视频号用户@**微信信用贷款**发布的主题为"2021统计方式"的视频，就是利用"抓鸭子"这个梗进行的二次创作。视频讲述了一位班长接到辅导员布置的任务，要统计班级同学的到家情况，且被要求要有新意地通知大家。这位班长就在微信群里发了消息：假期安全到家的同学我们玩个抓鸭子的游戏@全体成员，然后微信群里就开始被"嘎嘎"充满了。在微信群发布通知本身是件很普通的事情，但是结合S级选题的火爆话题性，瞬间就有了爆点，这条视频收获4.3万个点赞。

（图片来自号榜数据，2021年1月24日截图）

案例4：白月光与朱砂痣

张爱玲在《红玫瑰与白玫瑰》中写道：也许每一个男子都有过这样的两个女人，至少两个。娶了红玫瑰，久而久之，红玫瑰就变成了墙上的一抹蚊子血，白玫瑰还是"床前明月光"；娶了白玫瑰，白玫瑰便是衣服上沾的一粒饭渣子，红的却是心口上的一颗朱砂痣。"

抖音博主@**大籽**发布的一首原创歌曲，化用了白月光、朱砂痣、蚊子血和白饭粒进行创作。

视频评论区也给出了这首歌火起来的原因：代入感极强。尤其是正处于恋爱中的女生们，反响更是热烈。她们会将自身带入"蚊子血"和"白饭粒"中，产生一种"被得到却不被珍惜"的气愤,甚至有在评论区留言"去分手"的用户。

这个选题在各个平台都很火爆,尤其是在抖音被翻拍了很多次,以2021年1月24日为基准,近60天内翻拍视频点赞量破百万的就有43条之多,其中评论超过10万的就有8条,可见这个选题是真的抓住了爆款视频的要点。

白月光与朱砂痣这个选题在视频号也非常热门,也有很多点赞量超过10万的翻拍视频,其中,@**甜橙漫剪**通过动漫剪辑的方式,重新演绎了朱砂痣、白月光。视频中剪辑的内容都是平淡生活中一个人为了另一半洗手做羹汤、洗衣做饭的场景,和这个具有爆点的背景音乐结合,就有了别样的味道。

评论区也都在分享,"一直不知道白月光与朱砂痣的区别:'原来寄予希望却无法拥有的叫白月光,拥有却无法再拥抱的人叫朱砂痣'""往事已不能回头,前路仍未可知,我们只能经历着此时此刻。"

这些评论的点赞、回复甚至复制重发率都很高,也证明了很多人认可这个观点,比喻巧妙,提炼到位,才会有很多人跟着发相似评论。

第五章　选题分级：根据翻拍的爆款率来分 S 级、A 级、B 级

(图片来自号榜数据，2021 年 1 月 24 日截图)

二、A 级

特点：

- 在视频号被翻拍 3 次以上
- 作品点赞全部上万

关注视频号数据，视频号中翻拍率高且点赞数高的视频选题，可以借来复用。

案例1：认知类

一个人的成就大小和其认知高低有关，这个观点已经慢慢被大家接受。作为知识分享类博主，对于认知类选题的关注度一定要提高，这是极佳的 A 级选题方向。

尤其是和女性认知相关的选题，是绝佳的 A 级选题。

视频号博主@**陈醋情感**发布过一条爆款视频，主题是"女人一定要学会自己挣钱"，其文案内容如下：

女人一定要学会自己挣钱，会开车，会打扮，车子有油，手机有电，钱包有钱，这就是安全感，指望别人都是假的，再光鲜亮丽的副驾驶，都不如自己紧握方向盘。

就是这短短的几十个字,触动了很多女性的内心。

类似的案例还有@**萝莉和大叔日常**发布的关于"男性挣了钱在家也不应该不尊重妻子",@**启程情感电台**发布的"女人一定要记住好好工作好好赚钱",@**妮蕙**发布的"是你让我明白了女人独立的重要性,从今以后我自己赚钱自己花……"这些点赞量超过 10 万的视频,都是基于新时代女性要独立认知下的爆款内容,无论你是做知识分享类内容,还是拍摄情景剧,都可以在这些 A 级选题上做延伸。

大家平时可以多关注标签为"思维"和"认知"的爆款视频,在满足被翻拍 3 次以上且作品点赞全部上万的条件下,可直接收集进自己的 A 级选题库。

案例 2:能有什么坏心思呢

最近还有一个很火的主题"×××能有什么坏心思呢?"翻拍率非常高,只是在视频号中翻拍这一主题的作品就超过7条,点赞破万的视频也不少于3条。

(图片来自号榜数据,2021年1月24日截图)

视频号博主@**云养狗**发布了一条"小狗狗能有什么坏心思呢,它只是想让你载它一程"的萌宠视频,点赞量多达5.8万。这条视频的内容是一只小狗紧跟着一只鸭子,最后终于趴在小鸭子的背上,被驮着到处溜达的场景,憨态可掬的小狗,一脸淡定的鸭子,让观看者感到既可爱又欢乐。

评论区中的用户都在模拟小狗和鸭子的心理活动,如

"放着自己的四驱不开，偏偏要坐两驱的座驾"（1400多个点赞），"鸭子：累死我了"（900多个点赞），以及"叫了个的士还是敞篷的"等。萌宠类视频受众广泛，遇上爆款选题，获得更多点赞也就见怪不怪了。

视频号博主@**上古表情**也对这个选题进行了二次创作，其应用对象则是"人类幼崽"，将话题"只是想有个人一起跨年罢了，能有什么坏心思呢"和一些小宝宝的动作神态剪辑在一起，表现出"可爱＋搞笑"的画风，获得2万多点赞。

不少用户都在评论中琢磨着"如何不经意间让他（想一起跨年的人）看到"，将热门话题与跨年、单身/恋爱的内容相结合，互动率自然很高。

案例3：跟着奥特曼学拍照

"跟着奥特曼学拍照"这个选题同样是个不错的 A 级选题，在视频号翻拍超过 3 次，有一条视频的点赞数甚至突破 10 万个，另外两条视频也分别有 3.7 万个和 1.5 万个的点赞。

视频号博主@**尝一口奶熙**的"铁子们来凹造型了"这条视频点赞 10 万＋，这条视频的火爆不只是因为其选题定位，创作者还选取了一些较为夸张搞笑的身体姿势进行翻拍，评论中热度最高的"就喜欢这种长得有点帅还不正常的"获得了1300多个点赞,将"凹造型"与搞笑夸张元素相结合,就让一个A级选题也获得了很高的热度。

视频号博主@**叶航成啊**发布的视频就是通过上下或左右分屏的形式,将影视作品中奥特曼的一些经典动作翻拍并作对比,并且配文"新的风暴已经出现"也源于奥特曼作品,舒展的身体姿势加十足的镜头感,打破了常规拍照的剪刀手一类的动作,新颖别致,获赞3.7万。

三、B级

特点:

- 在视频号被翻拍3次以上
- 至少有1个作品点赞上万、1个作品点赞上千

这类选题能引起观看者的一些共鸣,虽然未必都能成S级、A级,但有爆款视频的潜力,可以参考评论区进行优化。

案例:-10℃吹泡泡会有什么样的反应

这个选题方向就是"科普+视觉艺术"的结合,这一选题方向的视频目前反响虽不及爆款视频,但在人群中也能引起一定的共鸣,目前在视频号也被翻拍了不少于6次。

第五章　选题分级：根据翻拍的爆款率来分 S 级、A 级、B 级

（图片来自号榜数据，2021 年 1 月 24 日截图）

视频号博主@**科学宇宙探索**发布的视频点赞 10 万+，这个视频的选题立足于科普，评论区的用户大多在惊叹大自然的奥秘，认为大自然是有魔法的。

每当看到爆款视频时，我都会第一时间看它的选题方向是什么，然后思考我的账号可以做哪些类似的选题。我们要不断分析爆款视频，从评论区感知用户，搭建 S 级、A 级、B 级选题库，培养足够的爆款敏感度。

广告大师詹姆斯·韦伯·扬在《创意的生成》中，将创意定义为：旧元素的新组合。

短视频平台中涌现出的爆款视频很多都是在重复，而你要做的只有一件事：分析，分析，再分析。

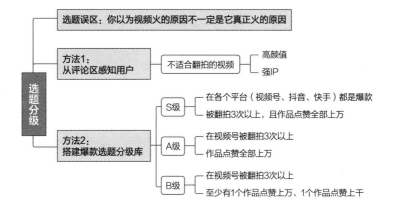

爆款视频号

第六章

剪辑+运营：

没有评论点就不会火

我刚开始运营短视频时犯过一个错误。我在平台上发布自己的成长视频，会有人在评论区质疑我，因为他们不相信普通人真的可以成长这么快，他们说我是骗子。我很生气，于是就把那些不好的评论都删了，最后只留下夸我的评论，结果视频流量就停滞了。

我这才发现，原来一个视频真正的死亡，就是没有评论。正如电影《寻梦环游记》中的那句经典台词所说的：**一个人真正的死亡，是他被所有人遗忘。**

后来，我理解了"喷子定律"，一个视频能不能火，就看完播率和互动率，如果你的视频没有人来"喷"，一般来说它就不会火。

因此，做内容不要害怕产生争议，有争议才能有评论点，我们要想尽办法在视频剪辑和发布运营环节设计各种评论点。

第一节
视频剪辑

一、时长

我有一个朋友,是一家 MCN 公司的老板,他们花很多钱聘请了一个特别厉害的编剧甲,让甲做短视频负责人。甲刚来公司时,老板给了他一个剧本让他修改,两个小时后甲将剧本发给了老板。老板一看说道:"和之前没什么区别呀。"

甲云淡风轻地说:"少了 35 个字。"

老板还是疑惑:"然后呢?"

甲说:"少了 35 个字,并没有改变原来剧本要表达的意思,但视频可以缩短 6 秒时间。"

顿时,大家都觉得这个编剧果真厉害。

我经常和剪辑人员强调:**爆款视频和非爆款视频之间**

只差 0.5 秒。

我看过很多不错的视频,但都没看完,因为视频时长太长了,一个长视频如果不是中间有足够多的爆点,用户很难看完,完播率会因此下降。

我在上文中提到,我之前分析过很多条视频的数据,甚至还做了这样一个实验,将一条时长 1 分钟的视频中的 3 个搞笑片段分成 3 个约 20 秒的视频进行发布,最后这 3 个视频的播放量都远比发一个总视频的播放量要高,于是我发现完播率几乎只和时长强相关。

越短的视频,完播率越高,一般来说将时长控制在 25 秒之内是最合适的。

这就要求我们选取镜头时不要纠结,在有限的时间里把每一秒都合理利用起来。请记住这句话:如果你纠结一个镜头要不要出现在视频中,那就说明这个镜头不是那么重要,答案已经很明显了,直接舍弃吧。

如果你是在做观点输出类或学习类视频,那么视频时长可以稍微长一点,也可以将一个话题分成上下集或一个系列来完成发布。

二、中间转折

要提高视频的完播率和互动率,还有一个方法:做好视频中间的转折。

如果视频内容很平淡,那么用户可能看几秒钟就烦了,这就需要我们在剪辑时做一些设计,比如添加表情包或贴纸、转场视频、音频音效等,让你的视频内容每隔几秒钟就能再次抓住用户的注意力。

1. 表情包或贴纸

视频内可以适当添加表情包或贴纸来渲染氛围、表达情绪,如土拨鼠站着尖叫的表情包。

2. 转场视频

(1) 过渡片段

当视频内容有递进或反转时,可以添加如电视闭路声音"哔——"的这类过渡片段,以提高不同帧之间的衔接。

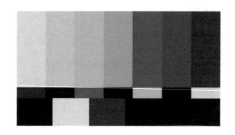

(2) 搞笑片段

当视频内容偏娱乐搞笑时,可以在每个故事剧情中间加搞笑片段,比如最近很火的两个警察大笑的视频,添加这一片段的很多爆款视频里都会有这么一条高赞评论:这两个警察要笑死在抖音/视频号了。

(3) 时间片段

当视频中有时间的过渡时,可以添加时间片段视频,比如海绵宝宝经典的"Two Hours Later"。

3.音频音效

尽量选择当下的流行音乐作为视频背景音乐，音乐声音不要盖过视频原声，且视频中可以适当添加音效。当需要表达错误、正确、无语、震撼等意思时，可以添加如"打卡成功""叮叮叮""搞错了再来""我太难了""真香"等音效；在剧情里需要表达时间等待、接听电话、手机转账等片段时，可以添加"时间流逝""时钟嘀嗒嘀嗒""电话提醒""消息提醒""支付宝转账"等音效。

三、版面设计

科学研究表明，人眼识别出一个人或一个字需要 0.5 秒，而人眼对色彩的感知却只需要 0.1 秒左右，所以你需要在视频的版面设计上多下功夫，让你的视频风格、色系、字体等都有自己的特点。

首先，视频封面标题的设计非常重要，你在剪辑时需要考虑封面标题的视觉呈现效果。在整个视频页面的布局中，标题应该放在比较显眼却不会喧宾夺主的位置，如果视频页面的主体是人物,那么标题就应该放置在人物的上方或者下方,如果想放在正中间,就需要用标题框将人物和标题做一个分离,为的是能更清晰地分辨出标题的内容。

同时,标题也要足够吸睛,在一瞬间抓住观看者的注意力,字体尽量选择简洁大方的字体,不要太过花哨繁杂,可以用不同的颜色标注关键词,比如标题是"99%的人都不知道的冷知识",则"99%"和"冷知识"就可以这样处理,用这类关键词取标题的具体技巧详见后文。

其次,视频的背景颜色需要和视频风格相结合,如果你运营的是机构或公司的账号,也可以选择与机构或公司的 Logo 色调一致或相近的颜色作为视频背景色系。如果你运营的是个人账号,想要打造属于自己的风格,则可以用蓝色、黄色、橙色作为背景,或者直接用黑色或白色。

此外,个人或团队的 Logo 建议放在视频左上方或右上方,下方留空白,因为视频号的留言会在视频下方滚动,如果 Logo 或字幕放在视频下方,两者容易重合。

最后,视频字幕应尽量使用简洁大方的字体,关键词要大、要亮、重点要够突出,对于一些金句和关键词,可以使用不同颜色的字和贴纸。

第二节
标题文案

关于如何写出好的标题,我总结了四大方法:通用方法、善用数字、反常识、突出效果。

一、通用方法

1. 点题:直接阐述视频内容

标题可以对视频的内容进行直接阐述,直白的标题配上"黄金3秒"开头,通过内容取胜,万能且百搭。

比如:

"一个普通女孩的成长。"

"富过八代的××家族。"

2. 金句

用视频中的金句做标题,既可以提升视频的格调,也可以引导用户在观看视频的过程中对金句标题不断思考和揣摩，最后产生较强的心理认同或情感共鸣。

比如：

"成年人的崩溃，往往都在一瞬间。"

3. 提问：××××××吗

提问式也是常用的标题命名方式之一，提问的内容应从视频的细节入手，抓取最核心的词语。此时标题与视频内容相应和，一问一答，提问的内容就是视频的主要内容，用户会带着问题看视频，在视频中寻找问题的答案。

比如：

"哪几种恋爱千万不能碰？"

"怎样才能学会对自己负责？"

二、善用数字

在封面标题中善用数字，可以让整个视频更加吸引人的注意力。在这里，我总结出 3 个方法：突出数量、突出重要性和突出稀缺性。

突出数量："和领导沟通的 5 种方式""10 个居家小常识"；

突出重要性:"100%会用到的职场小技巧";

突出稀缺性:"99%的人不知道/读错""10%的优秀妈妈都这么说"。

每种用法都有相应的使用场景与使用方法,下面详细介绍。

1. 突出数量

基本结构:干什么/什么方面 + 数字 + 名词

这个结构常用于知识分享类视频,一般可以围绕核心主题阐述多点内容或多种解决方案,标题通过数字来凸显数量,既能让视频的条理更加清晰,也能让观看者明确视频中的观点分层,更好理解。以下是我对教育类、职场类和生活类3个类别的视频进行的拆解,你也可以对其他类别的视频进行拆解,再结合"干什么/什么方面 + 数字 + 名词"的公式进行套用。

	教育类	职场类	生活类
干什么/什么方面	写作文、学习高数、学习英语口语、使用公式定理、培养自信/理念、树立观念等	做简历、参加面试、向上管理、工作汇报、会议记录、时间管理、提高效率、职场人际关系、平衡工作与生活、个人能力与成长等	美食制作、居家设计、出租屋改造、提高生活幸福感、室内设计、旅游出行、××购买建议、××产品对比等

(续)

	教育类	职场类	生活类
数字	5种、十大、15条、20个、25点、90%等		
名词	方式、公式、高分技巧、误区、技巧、方法、技能、经验、知识、常识、窍门、妙招、建议、意识、认知、理念、观念、思维、亮点、回答、答案、忠告、灵感、方案、设计、心得、撒手锏等。		
举例	学习英语口语的5个技巧	做简历的5个误区	提高生活幸福感的8个小窍门

视频号博主@**小舟妈妈教娃**的视频运用了数字标题"解决孩子发脾气的撒手锏四件套",显然,博主要做的事就是"解决孩子发脾气",而对视频内容的定义名词是"撒手锏",同时还有数字"四件套",既直观清晰地说明了视频内容,同时也划分了视频的层次,是按照4点去展开来讲的。

2. 突出重要性

基本结构:程度词+数字(大)+动词+名词

这里的"大"就是为了凸显重要性,不管是百分数还是

实际数字，都应尽量选取较大的数字。此时，数字凸显的就是内容的重要性，而不仅仅是数量与层次，就像是在和用户提前打好招呼，表明接下来的视频内容很重要，需要认真观看。

比如相比"95%的人都选这门课"，"超过95%的人都推荐的财商课"会更吸引人。

视频号博主@**吴优优yoyo**发布的视频"网购记住这些，避开99%的雷"就用了这个方法，她通过99%这个数字来体现视频内容的重要性，视频内容是人们在网络购物时应该规避的点，高百分比的数字进一

步吸引人来观看：到底是什么内容，看了就能避开99%的雷区？

3. 突出稀缺性

基本结构：程度词＋数字（小）＋动词＋名词

比如"1%的人才能做出这道题""不到5%的人真正理解幸福的真谛"。

重要性是通过大量数据举证，而稀缺性则是反其道而行之，就是告诉大家：这件事情很少人能做到、很少人知道，现在我告诉你，你就能成为少部分人中的一个了。这种方法可以击中人们"物以稀为贵"的心理，引发其好奇心。

三、反常识

反常识就是对通识类观点予以否定。在取标题时，反常识的方法可细分成三种：否定式、反问式与对比式。

1. 否定式：旧观点＋否定

不破不立，破而后立。否定往往比肯定更让人感觉印象深刻，当一个人在面对自己以往的认知被否定时会更加集中注意力，摆好防御姿态，所以我们在取标题时可以对通识类观点进行否定，然后通过视频内容推翻旧观点并进一步表达新的观点。

比如：

"努力就一定会成功？错了！"

"你还在用 miss 表达想念吗？低级！"

2. 反问式：旧观点＋反问

通过对旧观点进行反问，也能够起到一种强调作用，这种反问和质疑可以引发用户的思考。尤其是一些常识性观点受到质疑时,大家总会下意识思考:是这样吗?我之前认为的不对吗?视频内容会对标题的质疑进行回答,给出新的思路与思考。

比如:

"简历的自我评价非常客观,真的是这样吗?"

"螃蟹和柿子不能一起吃吗?"

视频号博主@**德慧源吴军**就喜欢用这种方法,比如"成功的人只是因为努力吗?""为什么有的人年纪轻轻,却思想深度远高于常人?"对旧观点"成功的人是因为努力"

进行反问，而在视频中进行解答，告诉用户：成功的人不仅仅是因为努力。一问一答，问题明确，给出的答案也足够清晰。

3. 对比式：否定旧观点＋新观点

新旧观点的对比，与否定式、反问式都不同的一点是：能够突出主题是什么。通过新旧对比，以旧衬新，用户从标题中就能看到视频内容所持观点，通过对比来加强对新观点的支持与肯定，视频内容也在论证这一看法。

比如：

"千万别做副业，要做'复'业！"

"英文比中文简单多了！"

视频号博主@**李筱懿**在视频中就用到了对比式的标题"自律不痛苦，假装自律才痛苦"。这一标题先对旧观点进行否定，很多人都认为"自律很辛苦、很痛苦"，可她却否定了，认为"自律不痛苦"，那么什么才是痛苦的呢？后半句话给出了解释："假装自律"才更加痛苦。这样

的标题就是否定了旧观点,在破除旧观点后建立新的观点和逻辑,通过对比更彰显视频主题"假装自律是痛苦的"。

四、突出效果

强调和突出观看视频的效果,借此来吸引用户观看视频,因为用户想要达到预期效果,就会点开视频观看。能够突出的效果大多分为两种,一种是观看视频能取得的效果,另一种则是通过点赞、转发和评论取得的效果。

1. 突出看完视频的效果

基本结构:学会/了解×××就能怎么样

这个方法非常适合用在知识分享类视频中,标题通常会强调和突出一个明显的正反馈效果,如"成绩提高20分""立刻升职加薪""一个能让你赚钱的小秘诀""看完这条视频皮肤再也不黄"等。

视频号博主@**六豆妈**分享了一个关于快递丢件后如何与快递公司交流的视频,这条视频的标题是"学会这个,快递不见没再怕"。很多人都会遇到快递丢件却难以理赔申诉的情况,这个标题就很能戳中人心,让人想要点开视频看看,如果以后再遇到丢件,该如何应对。

视频号博主@**麻醉师牛主任**也在视频标题中运用过强调效果的方法，比如"橘子皮大妙用，可别再扔了"。这里也是强调了"大妙用"，视频内容就是如何变废为宝，把橘子皮利用起来。

视频号博主@**晓玲育儿经**发布的视频"给孩子立下这5条规则，孩子越来越优秀"，显然就是善用了数字，同时也强调了效果。用数字"5条"明确了视频内容层次，方便用户区分和观看；"越来越优秀"则是强调了看完视频后的效果。

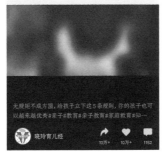

2. 突出点赞、转发和评论视频的效果

另一种突出的效果，是点赞、转发、评论而产生的，这种标题多在引导用户进行互动，比如"转发这条视频给更多人看，世界会变得更加温暖""转发给父母看，让他们远离网络诈骗"等。

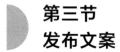
第三节
发布文案

视频号的文案同样重要,下面是我总结的写出好文案的几个方法。

一、做总结

短视频是用户碎片化时间消费的第一内容端口,如果可以在闲暇的时间里刷到总结类的内容,用户是很容易点开的。

要点:包含关键词"十大、合集、大全、清单、盘点、史上最全"等。

比如:

"欧洲旅游最值得买的购物清单。"

"史上最全学习资料合集。"

"中国十大国企排名。"

"火遍全网的……"

二、列数字

人是视觉动物,关键数字会比文字更容易抓人眼球,尤其是阿拉伯数字在文字中会更显突出,而且有量化视频内容的效果,让人通过标题对视频内容产生具体联想,吸引人点开视频,渴望获得大量信息。

要点:关键在于用数字抓住用户的注意力,比如时间维度的"3年""18岁",事物分类的"30种""20套"等。

比如:

"蹲守故宫6年,他拍下30000张绝美照片……"

"女性过了45岁,冬天晨起必练5个动作。"

三、做对比

对比可以让事物的特点更鲜明,同时产生的差异又会形成一种新的吸引力,有人可能既对 A 不感兴趣也不了解 B,但却对 A 和 B 之间产生的对立感到好奇,在文案中设置对比会让用户对视频内容产生兴趣。

要点:这方法的关键在于体现"……和……有区别",通过对比的方式让用户产生反常识的感觉。

比如:

"KOL 和 KOC 是什么,有什么区别?"

"喜欢和爱有什么区别?男女必看。"

"专柜版和免税版到底有什么区别?告诉你真相"

这类文案通过做对比凸显两个事物的特点,直接拓宽话题讨论的范围,提升话题热度。

对比的词怎么找呢?这里有四个小技巧,分别是:近义词、反义词、换时间、换角色。

近义词:将两个近义词放在一起,提问或陈述这两个东西有什么区别。

反义词:将两个反义词放在一起,提问或陈述这两个东西有什么区别。

换时间：将同一个身份、同一件事情换在不同时间段来阐述区别，如"以前的老师和现在的老师有什么区别？"又如"以前的爱情是车马很慢，书信很远，一生只够爱一个人；如今的爱情则是……"

换角色：以不同的身份看待同一件事情，突出不同角色下的人物会有什么行为、观点差异，如"男同学收作业和女同学收作业的区别"。

四、引对立

只要存在对立群体,话题就会源源不断,而且人不可能只在一个群体里,每个人都会与很多群体层层相关,引发对立的文案会让人很有代入感。

要点:通过学霸/学渣、南方/北方、99%的人都不知道的知识等引发群体对立,让用户产生好奇心。

比如:

"这5个99%的人都会说错的英文,你中招了几个?"

"汽车上这个功能,99%的人都不知道!"

"聪明和智慧的差别,99%的人都不知道!"

第四节
评论区运营

我最近看到一个视频,忍不住为其点赞。

视频内容没什么亮点,但有一条高赞评论大概:"蓦然回首,你会发现总有一个人一直在你的背后。"这条评论的下方有一条回复:"你好,班主任。"

是不是想起了读书时班主任在后门监视大家学习的场景?这是绝大多数人上学时的共同回忆和青春纪念。这条评论下有非常多的互动,几千个用户回复了"哈哈哈哈哈哈哈哈哈哈"。

所以,这个视频成了爆款视频,只是因为评论的回复火了。

很多爆款视频,不是因为其内容火了,而是因为评论,所以,我们的视频文案一定要有评论点。

我在黄金公式这一章提过如何设置2~5个评论点,比如我们曾经做过一条视频，文案是"你打 WXN 的时候，你手机上会出现什么字？看看是不是我想你。"很多用户就会在下方评论"我想你"。

本节我和大家分享 4 种评论区运营方法：**观点差异法、当下热梗法、神评论法和共鸣法**。

一、观点差异法

将问题延展，给予用户更多的讨论空间，引入另一个话题，从而提升视频的热度。

视频号博主@**刘媛媛**发布了一条主题为"北京还是上海，如果有机会还是去上海吧"的视频，就运用了观点

差异法,将问题延展开来,引导用户在评论区展开讨论,于是评论区有了"南方一向思想进步""南方比北方强大"等评论。

观点差异法还可以分为以下几个方面。

1. 地区差异类

比如四川与中国其他地区的饮食差异。

"不要相信四川人说的一点都不辣。"

"四川同学说广东的辣椒酱是番茄酱。"

"四川人吃辣就没怕过谁。"

2. 中外文化差异类

比如如何表达感恩。

"外国人表达感恩比较奔放,中国人表达感恩比较含蓄。"

3. 男女感受差异类

比如男生思路和女生思路的不同。

"我感觉他整天都在想我为什么生气。"

"女人讲爱,男人讲理。"

"就算女人错了,也不会道歉,还要说你凶她。"

二、当下热梗法

1. 游戏接龙

游戏接龙玩法简单,大多时候是为了活跃气氛,是活跃评论区的一个好方法。

比如下面两个例子。

数鸭子:在评论区发起话题"想要数××只鸭子",用户就会在下面回复"嘎",纷纷排起队形。

对对联:在评论区写出对联他用户接下联或是上联。

抖音博主@**桃子外教教英语**在她的 一条10万+点赞的视频的评论区与粉丝互动"最近听说有个数鸭子的游戏……大家能帮我数到1万只吗",主动和用户互动,很多用户在这条评论下排起队形评论"嘎",这条评论的互动量提高了视频的热度。

2. 热点活动

在短视频时代,热点活动是很容易引起刷屏效应的,因为频繁被讨论的话题自带流量。

比如下面两个例子。

支付宝的集福:在生活中扫出或是和朋友交换"福"字的卡片,集齐五"福"之后可参与抢红包活动。

抖音集灯笼:2021年抖音有一个点亮灯笼的活动,一时间有非常多的人在评论区向别人求灯笼,哪怕视频内容与点亮灯笼完全无关。

这些全民性参与的活动最容易提升评论区的热度,因为无论视频的内容是什么,你都可以在视频下调侃关于活动的话题。

3. 热点新闻

短视频平台已经成为热点新闻传播的重要载体,用户除了看新闻外,也会把一些热点新闻带到其他不相关的视频的评论中。

例如，2020年5月，浙江台州有一位孕妇走路时孩子突然从肚子里掉下来，这件事情在抖音被曝光后引发热议，多数女人生孩子时是很痛苦的，这位孕妇秒生小孩令人感到不可思议。这种反常识的新闻，自带话题性而且讨论空间很大，很容易引起评论区热议，所以在当时很多其他非相关的视频中出现了这样的热点评论："孕妇，掉孩子，懂？"

三、神评论法

什么样的评论最抓人眼球，让人过目不忘？那些好笑又有趣的金句总是评论区点赞最高的。

比如：

"别人家的男朋友从来没让我失望过。"
"这么好看的背，不去拔火罐可惜了。"

之前还有句话很火，"尴尬地用脚趾抠出了三室两厅"，夸张地形容尴尬尤其是替视频里的人感到尴尬，因为当一个人紧张时，会下意识地用脚趾抠地。所以，在视频号和抖音等各大平台，针对让人尴尬的视频内容，很多网友会打上满屏的"尴尬地用脚趾抠出三室两厅""我已经抠出三室一厅了"等神评论。

再比如，视频号博主@**中国新闻周刊**发布的"一对父女在隔离期间每天打扮成不同的卡通人物出门扔垃圾"的视频，视频内容新奇有趣，评论区也是充满笑点，比如"这老爹是开垃圾场的""有趣的灵魂用来陪孩子"等热点评论引得大家纷纷讨论互动，也提高了原视频的热度。

第六章　剪辑＋运营：没有评论点就不会火

谐音梗也是高赞评论之一，因为谐音梗很能戳中大家的笑点，甚至有不少爆款视频的选题就是依据谐音梗来拍摄的。

比如：

"连夜都不熬，那你熬什么，奥利给吗？"

"今天发现一个岛，为你神魂颠倒。"

"要一杯珍珠波波奶茶，不要珍珠、奶茶，只要啵啵呀。"

"你知道吗，我是一只螃蟹，有一天我走着走着，我的钳子没了，我没钳了。"

还有一些句式可以直接套用，比如"你要悄悄×××，然后惊艳所有人"。这句话最初是说"你要悄悄努力，然后惊艳所有人"或"你要悄悄拔尖，然后惊艳所有人"，这句励志语录后来在各大视频平台衍生出了非常多的段子。

比如：

"你要悄悄怀孕，然后惊艳所有人。"

"你要悄悄打工，然后惊艳所有人。"

"你要悄悄干饭，然后惊艳所有人。"

"你要悄悄整个双眼皮，然后吓死所有人。"

还有一个非常火的句式:"小时候偷吃/偷用了×××"。这个梗最初是这样的:"小时候偷吃了一箱士力架,被我妈发现了,罚我一周没饭吃,笑死,根本不饿!"引得网友改编了非常多有趣的版本。

比如:

"小时候偷吃了一箱炫迈,被我妈发现了,她来追我,笑死,根本停不下来。"

"小时候偷吃家里的德芙,被我妈发现了,她想抓着我打,笑死,根本抓不住。"

"小时候偷贴了奶奶的万通筋骨贴,全家人都打我,笑死,骨头根本打不断。"

此外,很多神评论也来源于用户对视频的吐槽,真实的吐槽可以迅速引起其他用户的共鸣,提升视频互动率。

比如:

"每个月只有几千块的人操这个闲心。"

"又把智商按在水泥地上摩擦。"

"又是一个营销号。"

视频号上有很多职场和理财类博主,他们的观点有时并不能获得所有人的认同,因为大家的认知都不一样,所以评论区也经常吐槽不断,比如"那你用这个方法赚到了多少钱""小小年纪就出来讲道理骗钱了"……

四、共鸣法

把握共鸣点,注意用户情感的流露,去跟他互动,和他共情,时刻保持和用户情感共振。

视频号博主@**对方是你的好友**发布了一条旅行视频,视频的文案是,"总有一天,你会带着你最爱的人,她坐在副驾,你开着车,听着歌,聊着过往一起去西藏……"这条视频引发了很多人的共鸣,大家纷纷评论,"会实现的""希望我爱的人也带着我去看看美丽的西藏",博主和用户进行了深度互动。

第五节
案例分析

在本节中,我找了几个看似平平无奇,但点赞却有 10 万+的视频,教你如何运用好发布文案和评论区文案。

案例 1:

视频号博主@Kit 柒叶发布了一条上海航拍视频,航拍画面虽然很美,但同类别视频有很多都不到 10 万+点赞,甚至该博主的其他视频也就几百、几千点赞,这条视频为什么能成为爆款呢?

答案就是:发布文案,评论区文案,音乐。这三个要素叠加在一起,戳动了人心。

这条视频时长 13 秒,用的配乐是《后继者》,其歌词就已经引导观看者进入一个伤感的氛围中:

第六章 剪辑+运营：没有评论点就不会火

好像那时我们都在，
当时的事都记了起来，
时间真的像是长了脚的妖怪，
跑得飞快。

视频的发布文案是：

突如其来的遇见，始料未及的欢喜，猝不及防的再见，毫不留情的散场。

这句文案用了排比法和对比法，用简简单单的4句话28个字，就把人的相遇和离别道得清清楚楚、明明白白。

再来看看评论区里的前5条高赞评论：

评论第一名获得5273个点赞，329条回复：

"一个不会表达，一个胡思乱想，一个以为不喜欢，一个以为不理解，一个倔，一个更倔……"

这条评论下方又很多互动，比如：

"所以最后什么也不是，浪费时间。"
"早知道后劲这么大当初我们就不要在一起了。"
"溺过水，所以窒息的感觉很清晰。"
"我和我对象就是这样，该咋办？"
"这让我想起了他，我还是很想他，可是不可能了……"

评论第二名获得 871 个点赞，34 条回复：

"有些再见就是再也不见。"

这条评论的互动有：

"再也不见。"
"所有的相遇都是蓄谋已久。"
"后会无期就真的后会无期了。"

评论第三名获得 711 个点赞，20 条回复，是博主自己的评论：

"这是 2020 年拍到最美的日出，希望这美景能冲散所有的不愉快。2021 继续向前。"

博主在告别 2020 年，评论下方就有粉丝互动说：

"我以为是晚霞。"
"今天是 2020 最后一天了。"

评论第四名直接复制发布文案，获得 545 个点赞，5 条回复。

评论第五名获得 234 个点赞，34 条回复：

"这文案跟我的经历一样。"

34条回复几乎都是：

"我也是。"

"我也一样。"

"我也一样，刚刚散场。"

"我也一样，刚刚散场，还没反应过来。"

如果你在深夜看到这条视频，或许会在评论区驻留很长时间，翻看那些和你很像的经历。

想写些什么，又不知道要写什么。

于是，这条视频的完播率就提高了。

案例2：

视频号博主@**日本设计小站**发布了一条爆款视频，很多账

第六章 剪辑+运营：没有评论点就不会火

号都发布过完全一样的视频内容，但是点赞却远低10万+，这是为什么呢？关键的差别在于发布文案和评论区运营。

这条视频的主要片段是，一个小人不断向前行走，自身形态随行走发生变化，作者发布的文案是：我看这个小人走路整整三分钟，你能看出来这里面的变化吗？有人说这就是人生的缩影。

在文案区直接抛出一个问题，引导用户在看完视频片段后思考，我看到的是什么？是不是也能通过这个小人看到人生的缩影呢？甚至带着这个问题再重新看一遍。

正因如此，评论区直接变成了大家的"回答簿"，前五条高赞评论是这样的：

评论第一名获得 25493 个点赞，5197 条回复：

"刚出生，是柔软的，像糖浆甜甜的，带给别人的是温暖和快乐；青春，燃烧，奔放的热情似火，这段时间也许是漫长的，是煎熬的，燃尽成砂。"

"坚强让人慢慢成石，带

着棱角，也带着情绪，走着走着，棱角没了，石头在膨胀，也不堪重负。"

"抛掉重石！那一瞬间返璞归真，透明如水晶，又立刻变得坚强如钢铁！迈出的每一步都铿锵有声！"

"岁月是最好的炼金石，坚强如钢的人，内心必将绽放金子的光芒，身披黄金铠甲，坚实地踏出每一步……"

这条评论就是作者期待看到的满分答卷，分画面拆解了为什么这条视频像是人生的缩影。在这条评论下大家纷纷表示赞同。

评论第二名获得4646个点赞，418条回复：

"遭了那么多罪，最后也没走出个人样儿来。"

这是对视频结尾处小人变化的评论，也是关于人生的感悟，很多人都被这条评论打动了，纷纷回复：

"就服你。"

"谁也不服，就服你。"

"就服你，其他人说得再好都不如你这句经典。"

评论第三名获得3835个点赞，254条回复：

"不经历风雨，哪能见彩虹，浴火重生，越来越强大，经历磨炼，坚持，是金子总会发光。"

其实大家看视频，更多的是从视频中看见自己，这条评论就表达了人们希望自己也是金子期待发光的愿望，也激发了大家回复的热情：

"感觉看到了自己，从柔弱不堪，到现在的刀枪不入，路是走出来的，不经历风雨怎能见彩虹。"

评论第四名获得 1490 个点赞，43 条回复：

"心，一次次地蜕变，直到金刚不坏。"

和第三条评论表达的意思非常相似，同样强调像金子一样的人生在蜕变中孕育。

评论第五名获得 935 个点赞，39 条回复：

"百炼成金。"

相比第四名的评论，这条评论更加简洁。

与 @**日本设计小站**相比，其他账号也发布了同样的视频，但文案只是在讲小人的变化，并没有涉及人生，大家的共鸣就会大大降低，自然也就不会火了。

案例 3：

我们再看一个案例，视频号博主 @**诗荷文案馆**发布了一条关于夕阳的视频，配文是：

何炅说："其实我来，并不是非要做你生命里的主角。成为你愿意一再遇见的路人也可以。你快乐就好。"

同类型账号@仙歌情感、@舒怡文案馆发布的文案与@诗荷文案馆一致，选择了不同的夕阳景色片段及不同的配乐，最终的点赞量却差异悬殊，其关键原因在于评论区。

而要发现评论区的关键点，我们可以分析一下@诗荷文案馆发布的这一视频下方，排名前五的评论：

评论第一名获得942个点赞,29条回复:

"其实我已经很满意了,我至少知道你的名字,听过你的声音,近距离聊过天,见过你的眼眸,我很幸运,即使我很难过。"

大家看到这条视频想起的是，自己爱而不得的感情，后续的回复有洒脱，也有不舍：

"是啊，不必强求，至少拥有过。"

"可是有的人错过就真的错过了。"

"其实我也挺满足的，我也放下了。"

评论第二名获得446个点赞，7条回复：

"第一次见你的时候没想到后来会这么喜欢你。"

这位评论人还自己回复自己，"点赞排第一我就去找他"。你发现了吗？用户在评论区不仅会表达观点，甚至会自己与自己互动，来给自己打气。

评论第三名获得361个点赞，6条回复：

"何炅说，'其实我来，并不是非要做你生命里的主角，成为你愿意一再遇见的路人也可以，你快乐就好。'"

这条评论是作者把发布文案又发了一遍，如果你的文案足够戳动人心，在评论区这样一个能引发高互动的场合，再发一遍，也能带来新的评论。

评论第四名获得152个点赞：

"宫崎骏的夏天像我们小时候的夏天，长大了，再也听不见蛙鸣，看不见萤火虫和漫天的繁星了！"

这条评论描绘的是视频画面让评论者想起了宫崎骏的动漫。

评论第五名获得142个点赞：

"没有女孩不喜欢朋友圈公开，不喜欢花，不喜欢男朋友认真写小作文，但如果这些东西是她伸手要的，那她会觉得毫无意义。"

这条内容道出了很多人在爱情里卑微地渴求被爱的心态，大家纷纷点赞表示认同。

而后两条视频的评论区内容均表现平平，并没有能进一步引发大家回复的内容，对于视频的助推力也就小了许多。

视频画面、发布文案，以及评论区的高赞，如果每一个细节都能让大家感受到这与自己有关，那么大家就会愿意借评论区来表达自我，也就会带来高赞内容。

第六章 剪辑＋运营：没有评论点就不会火

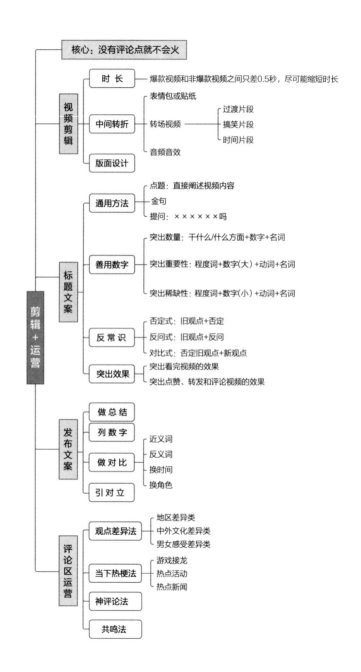

第七章

数据 + 复盘：
互动率、完播率、播赞比、播粉比、爆款率、涨粉率

很多人会把视频的成功发布当作终点，这是一个误区。发布视频永远只是第一步。

视频发布后，有非常多的数据值得我们复盘和拆解。

我们的团队每天都会复盘视频数据，主要关注互动率、完播率、播赞比、播粉比。

互动率 =（点赞 + 评论 + 转发 + 收藏）/ 播放量

完播率 = 看完视频人数 / 播放量

这两个数据决定一个视频火不火。

关于提高完播率，你可以重点关注视频时长以及视频封面、开头、字幕、背景音乐等是否有可以优化的点，确保视频的每一秒都有用，每一句话都不是废话。

关于提高互动率，前文中我提到了评论区的重要性，发布视频后你可以先安排自己的"水军"发起第一波留言评论，在视频中埋下评论点，比如用游戏、对对子等方式引发互动，刺激用户的互动欲。

播赞比 = 播放量 / 点赞数

播粉比 = 播放量 / 转粉量

这两个数据可以帮助你选好赛道。

我之前看过一个情感类账号，拥有2亿播放量却只有8万粉丝，播粉比为2500:1，也就是说2500个播放量才能带来1个粉丝。而我们公司运营的英语教育类账号，播粉比大概为100:1，也就是说100个播放量就能带来1个粉丝。

这很重要，有了这个数据，你就能判断你选择的赛道对不对，未来是否容易变现。

此外，我会让团队每周复盘爆款率和涨粉率。

爆款率=爆款视频数量/发布视频总数量

我们会找出每周发布的所有视频的数据，看其点赞量和评论量，分析哪个视频是爆款，该视频为什么可以成为爆款，为什么其他的视频没有成为爆款，同时也会拿本周的爆款率和前几周的爆款率数据进行对比，如果爆款率没有提升，那就是在退步。

涨粉率=涨粉数量/粉丝总数量

如果涨粉率下跌了，我就会立刻找具体问题，复盘哪里做得不够好。比如没有爆款视频，或10万+点赞的视频评论不够，此时团队需要做的就是用各种方式去推爆款，把200条留言推到500条留言，让爆款视频更加火爆。

第七章 数据+复盘：互动率、完播率、播赞比、播粉比、爆款率、涨粉率

我还会让团队成员复盘视频号最近一周的热点，解读视频号最新的功能，认清平台所处的阶段，并且去看同类账号都在做什么选题。

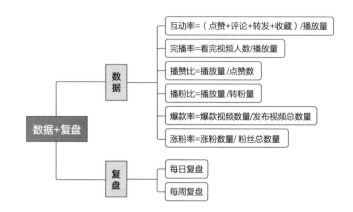

第八章

团队管理：
培训、赛马、分层管理

第一节
招聘理念

前几天我的一个朋友回国了,找我吃饭。他说了一句话对我特别有启发,他说,你要磨炼出一个团队,然后找到风口扎进去,有个好团队很重要。

我最近就在想,怎么样才能带出一个好团队,我到底需要什么样的团队?

张小龙说:"小规模试错,快速迭代。"

我分析过很多创业公司和大公司的团队,90%失败的团队都有这么一个原因:创业者喜欢一开始就拉帮结派想干场大的!

他们喜欢在想出一个点子后,组建十几个人、几十个人的团队去做这件事,各方面的人员配置都要非常好,产品经理、设计、开发、运营、编导、拍摄、剪辑,你能想到的角色他们都有。但往往结果不符合预期，这时候就会开始缩减团队规模，调整人员和资源，这样一来，团队哪里还有士气？

我喜欢小范围试错，团队成员一开始只需要一两个人即可，能快速干好活，随时向我汇报进度，如果有问题我就参与进来一起分析，如果成绩超预期，那我会再考虑投入更多的人力进行运作。整个团队不断进步，才能带来良性循环，所以初期的团队人数不必过多，既方便团队成员相互磨合，也方便领导者把控投入成本，快速迭代。

苹果公司创始人史蒂夫·乔布斯说过，他花了半辈子的时间才意识到人才的价值。他曾说过："我过去常常认为一个出色的人才能顶两名平庸的员工，现在我认为能顶50名。"

字节跳动创始人张一鸣也曾说："每当我想降低（人才）要求的时候，我就提醒自己一定不能往低走要往高走。**我们要做得出彩，而不是完成事情**。而尤其在早期，核心的几个人的能力、素质、态度是最关键的。"

我深以为然，我喜欢招聘零基础的人，或者是在工作领域小有成就的人，不过前提是，这两者都要是非常聪明的人。因为我认为，一个好的领导者可以把聪明人培养成卓越的人，但没有办法把平庸者培养成卓越的人，最高限度就是把他们培养成优秀的普通人。

我在招聘前,会给所有应聘者进行人群画像的打分,打分的维度主要是工作经验。假设满分是 10 分,那我的团队需要招聘的就是 0 分或者 8 分的聪明人。

0 分的人就像一张白纸,什么都不懂,所以我只需要告诉他做什么,然后让他百分百去执行就好了,这样下来,他学到的就都是我教的东西。0 分的聪明人很明白自己的定位,他们会按照我教的方法踏实实践,迅速成长。

8 分的人有一定的工作经验,而且聪明,被我指出不足后可以迅速修正,我要做的就是把他们从 8 分带到 9 分、10 分。

但我一定不会招聘 5 分的人,为什么?

因为 5 分的人看似什么都懂,实际上却毫无意义。他们会有自己的想法,同时抗拒被"改造",不愿意放弃自己原有的东西而认真听老板的。

这很可怕。

同样是被灌输一种 10 分的思维或方法,0 分的人可能会做到 3~5 分,而 5 分的人可能只能做到 2~3 分。这样的人会耽误团队和公司的发展。

如果你是老板,团队里有这样的人,我建议你及时更换;如果你是这样的员工,我建议你自省。

第二节
招聘流程

雷军创办小米的第一年,把招聘作为了管理的第一个切入点,那一年他80%以上的时间都在招聘有能力的、有高度责任心和高度自驱力的人,他认为对于当代人才需要花足够多的时间,要"30次顾茅庐"。

无独有偶,张一鸣在创建字节跳动的前几年也在招聘方面花了大量时间。他是字节跳动的创始人,也是字节跳动第一个HR,他曾说:"从2015年年初到年底,今日头条员工从300多一下增长到1300多,这些虽然不都是我亲自招聘来的,但还是有不少人是我亲自沟通过的。如今我最多的夜归也是去见面试候选人,有时候甚至从下午聊到凌晨。我相信并不是每个CEO都是好的HR,但我自己在努力做一个认真诚恳的HR。披星戴月,穿过雾霾去见面试候选人。"

所以，对于一个团队，招到多优秀的人都不为过，在招聘上意图偷工减料、缩减成本，往往会给团队带来更大的损失。

显然，给团队招募人才是团队发展至关重要的一步，怎么招募、如何判断候选人是招聘流程中需要关注的重点。

我在招聘时一般分成三步：笔试、群面和单面。

候选人应先做笔试题。笔试题的设计根据岗位需求而定，比如招聘做内容的人，我会出下列两个题目：

请用300字描述一件你最开心或最难忘的事。

请写出一个你关注的微信公众号/视频号/抖音号，找出其中三个爆款作品，说说你认为爆款作品之所以成为爆款的原因。

笔试合格的人会进入群面。

在群面时，有个很好的面试方式叫无领导小组讨论，可以帮助你快速判断面试者。

群面环节一般面试3~5人，他们临时成为一个小团队，面试官出一个选题，给20分钟让大家讨论这个选题有无爆款潜质，要怎么做、怎么分工、怎么运营等，在这个过程中你可以观察每个人的表现，并在一群人中快速挑选出优秀的人。不过，如果笔试答得好但群面不太活跃的人，我也愿意给他个机会。

群面优秀的人，再进入单面环节。

在一对一的单面中，我只看两个点，一看渴望，二看实操经验。

我一定会问的问题是：你5年后想成为什么样的人？这个问题可以看出一个人对成功的渴望，如果得到的答案很普通，我可能就会考虑是否要录用他。

然后我会看候选人是否有实操经验，他所坚持的底层逻辑是否和我一样。我会给出一个爆款选题，或者按照笔试题里他给的答案，让他进一步拆解爆款视频。我不会给他固定的模式，就希望多听听他的思路，我会综合分析候选人是否适合培养。

不要小瞧团队人员搭建这一步，尤其是初创团队或创业企业，与顶尖人才共事，才能事半功倍。

就如埃隆·马斯克曾说：**"成功的关键在于与顶尖人才共事。"**

第三节
培训：用拆三遍的方法拆解爆款

我经常和团队强调："如果你都没有分析过爆款视频，怎么可能做出爆款视频。"

在短视频领域，拆解 50 个爆款视频是入门，拆解 100 个爆款视频是专业，拆解 1000 个爆款视频才是专家。

因此，我们团队的新员工在入职的第一周只做一件事情，那就是分析 50 个爆款视频。

他们第一次跟我汇报自己的拆解成果时，会觉得自己拆得特别好，我说不行，分析得不够透彻，不够有深度，回去再拆解一遍。

第二次跟我汇报时，他们会觉得第一遍的拆解确实不足，现在已经绞尽脑汁分析到位了，爆款因素全都在这了，但我还是会说，"不够，你们再试着拆解一下"。

在他们拆解三遍后，我会组织开会，一起进行拆解，当我讲完后，团队成员都被我折服，并且真的学到了知识。你可能会问，这样做效率不是大打折扣了吗？

其实不然。让他们分析这50个爆款视频，不是真的想让他们告诉我最终的答案，或是直接找到通往爆款视频的路径，我并没有指望在这三遍拆解爆款视频的过程中，成员能有多少产出，研究出多少精髓。而是希望他们能或多或少地了解到爆款视频为什么成为爆款，是为了加深他们对分析爆款视频过程的印象，也是为了让他们清空自己。

因为在他们分析了三遍，却也得到了三遍否定以后，他们会开始怀疑自己做得对不对。

这时，我会带着他们按我的思路进行分析，他们就会更容易接受和吸收，才能理解得更深刻。

关于拆解爆款视频，**我总结了"三遍拆解法"，也就是说拆解一条爆款视频，至少需要看三遍。**

第一遍，把视频内容完整地看一遍，从用户的角度给出看完后的第一感受，想想你记住了什么，然后结合黄金3秒开头+2~5个评论点+互动式结尾进行分析。

第二遍，按照平台算法，给爆款视频打标签，首先是一级标签，按品类分，如情感类、搞笑类、美食类、汽车类等；然后是二级标签和三级标签，每一层标签都在不断细化，比如：

娱乐视频，一级标签是娱乐类，二级标签是电影剪辑类，三级标签是周星驰、刘德华等，明星的名字可以作为一个细化标签。

搞笑视频，一级标签是搞笑类，二级标签是搞笑剧情类，三级标签是戏精反转类。

知识教育视频，一级标签是教育类，二级标签是英语教学类，三级标签是日常口语教学类。

学会拆解三级标签的好处在于，你能够看到这三级之间的关系，以及每一细分标签所对应的爆款率。

第三遍，看评论区，关注点赞前 10 名的评论。视频号火不火，重点在互动率和完播率，互动率就是（点赞+评论+转发+收藏）/播放量。所以我们要提高互动率，从过往的高赞评论中找到用户感兴趣的内容，然后把这些内容整理进自己的素材库。

下面，我将用"三遍拆解法"拆解几个爆款视频。

一、案例 1

视频号博主@**西班牙的魔法猫**发布了一条关于背后议论他人的热门视频，搭配文案是"你比流言蜚语先认识我，我不怕别人说我坏话，就怕别人在说我坏话的时候，我最信任的人选择相信别人而不信我。本条视频的转发及点赞均过10万，评论近6000条。

第一遍，我们看下整个视频：

"你知道别人在背后怎么说你吗?"一共15秒的视频，开头的黄金3秒非常吸引人，采用的就是典型的提问式开头，既是问视频中的人物，也是将这个问题抛给了所有正在看视频的人。

提问式开头是很能抓人眼

球的方式，也是知识类、干货类、寓言道理类视频选择最多的开头方式，比如×××是怎么样呢？/××是×××吗？疑问句比陈述句更能引人注意，以疑问句开头，观看者会一边思考一边跟着视频的发展看下去，这其实是利用了人的好奇心心理。

黄金3秒开头之后，大家非常好奇，而作者不答反问，以问作答，比平铺直叙的答案更能击中人心，"与其告诉我别人在背后怎么说我，我倒是很想听一听，你替我说了什

第八章 团队管理：培训、赛马、分层管理

么？嗯？"

这个反问让我印象非常深刻，因为很多人都会在职场中遇到类似的场景，怎样让自己的情绪有个出口呢？很多人都不知道，而这条视频用这个回答给出了答案。

此外，视频中最后一个"嗯？"的反问更是别有深意。视频的场景是：提问者伸手指人，语气不善地提问，颇有咄咄逼人之意；而反问作答的女士则一派淡定从容，不仅不慌乱，还慢悠悠地丢给了对方一个问题，以及一个漫不经心的鼻音反问，更显出淡定自信，任他人怎么指手画脚，我自岿然不动的气度。自信的人内心往往是坚韧而强大的，这也和高赞评论相呼应："谁人人前不说人，谁人背后无人说""走自己的路，让别人说去吧"。

这个反问不仅是爆点，还是共鸣式结尾的一种，显然这条视频运用得是成功的，这个反问成为大家印象最深刻的地方。

接着，我们看第二遍，给视频贴标签，一级标签就是情感类，二级标签可以是动漫类，三级标签则是人际交往技巧类。对视频进行标签标注与划分，可以帮你更好地建立素材库，方便未来进行资料搜寻时检索与调用。

看第三遍时，我们要多关注评论区用户的互动反馈。比如：

"老话说得好,谁人人前不说人,谁人背后无人说。被人议论很正常,只是要珍惜那个在别人嚼舌根的时候敢于替你反驳的人,那才是真正可交的朋友。"(2808个点赞)

"走自己的路,让别人说去吧。"(1091个点赞)

"这个反问很经典。"(825个点赞)

"做好自己,别管他人的闲言碎语。"(428个点赞)

……

从评论区就可以提炼出本条视频的成功之处:第一,反问经典,发人深思;第二,话题深刻,勾起共鸣;第三,解释留白,各自发挥。

这就是我们做爆款视频需要学习的地方。同样,你也可以试着做"被别人打压时该怎么做?""成年人崩溃了也要自己消化吗?""温柔的人一定会被世界温柔以待吗?"等方面的选题,再适当运用好爆款公式,复拍一个爆款视频没那么难。

二、案例2

视频号博主@**桃子外教教英语**是一名英语外教老师,个人简介为"专注4~10岁孩子英语启蒙,从小培养孩子的双语思维",她发布了一条"I got you 的用法"的视频,

第八章 团队管理：培训、赛马、分层管理

获得 10 万 + 点赞。

看第一遍，视频整体时长 29 秒，完播率也很高。

很明显，这是一条知识类视频，开头台词一点也不拖泥带水，一上来就是干货。

接着，视频的每 3～4 秒都是一个干货知识点，她用 29 秒的时间讲述了"I got you"的 7 种用法，对比其他干货类视频，@**桃子外教教英语**的这条视频有一个别样的爆点：情景化教学。

很多知识分享类或者技能类视频的创作者，会尽力在几十秒的时间内讲十几条操作技能或知识点，画面切换眼花缭乱，语速快到令人难以听清，所以这些视频大多反响平平，或者会得到一些"记不住啊"之类的反馈。

而这条口语教学的视频完美地避开了这个坑，创作者将每一种"I got you"的用法都在几秒钟内进行了一个小的场景演绎，比如表示支持与肯定的"我支持你"，失手打到对方懊悔着的"我打到你了"，表现真诚的"我理解你"，

收到对方感谢时表示的"不用谢",让整个教学视频"活"了起来。同时还采用左右分屏的形式,左侧中文释义听听就好,根本不用费心看字幕;眼睛更多关注右侧的情景演绎中。视觉听觉相互交替着进行信息输入,使观看体验更加轻松。

在知识分享类短视频中,寓教于乐的轻松氛围远比照本宣科能够获得更多好感。至少我闭眼回想起创作者生动的表情与丰富的肢体语言,就能记起好几种"I got you"的用法,可如果用 30 秒念 7 个公式或者教 7 个快捷键操作,我可能看过一次脑子里什么都留不下。

此外，视频最后 3 秒使用了引导式结尾法则。"你学会了吗？关注我，给我点个赞吧"。极其具有亲和力的笑容、轻松却有内涵的视频内容和引导式的结尾很容易给人好感，加上创作者略带口音的中文发音，一下子就与用户拉近了距离，用户会更愿意为了这种亲切感去点赞、关注。

看第二遍，很简单，这条视频的一级标签是教育类，二级标签是英语教育类，三级标签是英语口语教育类。

所以，如果你要做教育领域尤其是口语教育的视频，这条视频一定值得你拆解学习，可以收进素材库里留做备用。

看第三遍，这条视频的发布文案和评论区文案非常值得我们学习。

由于是双语教学，所以她的标题和发布文案很好地运用了数字法，并且在视频中直入主题，表情丰富，介绍"I got you"的 7 种用法。

评论区的互动很有意思：

"我终于知道外国人说话时的表情为什么丰富了。"（1051 个点赞）

"反正以后和外国人聊天就说'I got you'就可以了。"（245 个点赞）

"哇，比汉语还内涵丰富。"（222 个点赞）

"英语太麻烦,中文相对应的就一个字儿,整……"(145个点赞)

这几条评论都聚焦在中英文用法对比上进行讨论,给这条视频提高了互动率,带来了热度,让爆款视频更加火爆。

三、案例3

视频号博主@BONNIE万洁是一名情感类博主,视频账号主要记录的是她和男朋友的日常甜蜜互动。现在我们来拆解一下她的一条点赞10万+的视频,讲的是小情侣吵架的一段经历。

看第一遍:

"不就是手机吗?我以后跟你在一起的时候不玩就是了!"

整个视频以暖黄色的灯光背景为主调,开头却在本该温馨的环境里,直接体现了视频的冲突点:女生因为男生玩手机忽略了她而有些生气,不想说话,拒绝和解。无须铺垫,黄金3秒开头的部分通过直接摆明矛盾点,来吸引用户继续看下去,想知道解决矛盾的办法,以及结果究竟是冷战分手,还是和好如初。

想要讲好一个故事，矛盾冲突点一定是整个故事的核心，视频在黄金 3 秒开头就交代了核心矛盾，可以吸引用户接着看下去。

紧接着，女孩抱着被子打算睡沙发，男生拎着枕头在她身旁席地而卧，在这一个过程中两人都没有说话，前后鲜明的情绪对比更是让人好奇接下来如何发展。最后，女生发现了男生的小体贴，决定原谅他。视频的结尾就定格在了两人和解后的甜蜜拥抱与开心一笑，和解有时候无须言语，真正的体贴温柔都化在了点滴举动中。一个氛围感极强的结尾能将情感共鸣拉到一个新的高度。

看第二遍：

视频的一级标签是情感类，二级标签是情景剧类，三级标签是情侣吵架和好类、高颜值男女类。

看第三遍：

视频文案很明确地点明了主旨，即亲密的人如果吵架了，相互给对方一个台阶下。这也是视频前半部分的核心内容，最后几秒的画面则与文案第二句对应，主要内容就是"撒狗粮"，展现和好后的甜蜜。

评论也都是大家对于甜甜的恋爱的羡慕之情：

"哎呀，狗粮真香！"（2952 个点赞）

"如果我错了请让法律制裁我，为什么要让我刷这种视频，我不酸，真的。"（1512个点赞）

"我为什么会反复看这个视频……大概是羡慕女主角吧。"（176个点赞）

评论区讨论最多的还是大呼"狗粮吃撑了"，这也是一种对视频内容的充分肯定，只有视频表现力、感染力到位了，才能给大家这种羡慕爱情的共鸣感，充分体现了大部分用户渴望拥有甜甜的恋爱，也很愿意在网络上看到甜蜜的视频，这也是我们可以抓住的创作方向与灵感来源。

最后，总结一下，如何利用"三遍拆解法"拆解爆款视频：

第一遍：完整地看一遍，记住让你印象深刻的地方，比如"×××是怎样一种体验"这种很抓人眼球的"黄金3秒开头"。

第二遍：给视频打标签，标签打得越准确、越细致，你在创作时调用起来就越方便，也就不存在缺少素材的情况了，比如你打上标签就会发现，像@**房琪kiki**的一些爆款视频，都是采用了"黄金3秒开头＋景点介绍＋文艺调性"的模式，这就很适合与同类视频放在一起进行分析。

第三遍：看评论区前 10 名的高赞评论，这是最靠近用户的地方，你可以看到用户关心的点，要么认同，要么反对，特别是有争议的评论要好好分析。

第四节
赛马:"归一"与"分裂",快速迭代

在培训团队之后,我会要求他们在工作中做到知行合一,不要拆解是一套,做是另一套。

我之前带了一个小红书团队,成员都是男生,此前我从没做过小红书,男生们对小红书都不感兴趣,也都没用过。于是我们先在小红书上拆解爆款作品,就按我前面说的"三遍拆解法",他们会把拆解结果一次次和我核对,然后我们再找出爆款作品的共性和特性,开始学做小红书的爆款内容。我们在第二周就生产出40多万点赞和收藏的爆款内容,在第三周就已经对小红书的玩法掌握得炉火纯青了。

后来我带了另一个小红书团队,我带他们拆解爆款作品后,有个海外名校的女生做了一条内容出来,她用手写字教用户数学公式,并说这条内容一定会火,因为她的字

写得很好看，公式特有效，排版也好看。

很遗憾，这条图文只有几个赞。她问我原因，我说你在自嗨。你拆解了那么多爆款内容，却没有按照爆款的内容去做，有什么用呢？

培训团队，既要培训他们拆解爆款内容的能力，也要培训他们知行合一的能力。不要自以为是，自以为是就做出不爆款内容。

我希望我的团队在看到一个爆款视频以后能明确说出"我觉得这个视频火是因为……这 5 点"，做出一个视频也要能说出"我这个视频遵守了爆款视频的……这 5 点"，如果说不出来，那就说明他还不够理解爆款视频的本质。

我经常和团队成员分享福尔摩斯的故事。福尔摩斯有个助手叫华生，华生就很羡慕福尔摩斯，说："要怎么努力才能成为像你一样这么厉害的人？"福尔摩斯就问他："你知道咱们每天走过的台阶有多少吗？走下来需要多久？"华生说："不知道。"福尔摩斯说："可能有 32 个，走下来需要 28 秒，你只是在经过，而我在观察。"

一、内容赛马

我会在团队内部进行内容赛马。

内容赛马有两个方法："归一"和"分裂"。

我会将团队内不同平台的账号分给不同的人负责,这样就出现了第一波赛马。对于同样的视频,我们会看不同平台的数据反馈,哪个平台、哪个账号能带来更好的反馈,就集中力量去主推,把视频推为爆款。然后再用这个账号复拍同类型的视频,尽快打造出更多爆款视频。

同时,我们也会看同一个账号的产出与反馈。为什么这个账号的 20 条视频中产生了 1 条爆款视频?它和其他视频有什么不同?这就又回到了爆款视频的拆解。接下来我们要做的,就是把这个爆款视频进行复制。

如果再细化一些,我们甚至会拿同一条视频做不同的剪辑和包装处理,比如一条视频用的是白底,另一条视频用的是黑底,或者使用不同的发布文案,用同样的账号进行发布,再看最后的数据如何。

通过这样的赛马,我们可以对比、分析出不同账号之间有什么区别,是账号发展定位不同,还是运营内容与运营方式的差异。

二、员工赛马

一个人要想做成事情,就一定要有好胜心,这不是教你要钩心斗角,而是我希望我们都能有胜过对方的欲望,正向竞争,追求极致。

如果是带一个团队，那么我会把这个团队分成几个小组进行赛马。比如一个团队共 4 人，分成 A、B 两个小组，如果 A 组的数据更好，就继续朝原来的方向做下去，B 组的数据不好就应及时止损，停下来分析是内容、账号的问题，还是员工的问题。分析完后我会让 B 组成员加入 A 组一起做项目，然后再分裂出新的项目和小组。当然，我也可能会直接扩招，继续增加 4 人，让这 4 人组成 C 组，由 A 组的 4 人和 C 组的 4 人进行赛马。

这种赛马本质上就是让团队不断进行"归一"和"分裂"。能力强的组吞并能力弱的组，这是"归一"；并组后，有能力带领小组的成员可再次"分裂"，带领新的小组，并招更有能力的人加入团队。

这种"归一"与"分裂"的迭代，可以让团队成员之间配合更默契，因为有竞争，每个成员都在为了取胜而努力，团队的产出自然不会差。

第五节
管理：头部中部尾部，圈层式培养

在我看来，从某种意义上来说，老板和员工不是完全对立的。当一个员工能对老板的想法感同身受时，这个员工未来大概率就能成为老板；当一个老板能感受到员工需求的时候，说明这个老板对他的员工也是十分了解的。

好的管理，核心就在于老板对团队成员有一定了解，给予一定的指导，并且相信团队里绝大部分人都是黑马。

我的团队管理法则很简单：**激励头部，全力培养中部，帮助尾部认清自己。**

我将团队成员按照工作能力和产出绩效大致分为头部、中部和尾部。

一、激励头部

我们首先要做的,就是"扬长"——**激励头部,给其足够的空间自由发展**。

头部员工已经具备了分析爆款视频与打造爆款视频的能力,他们工作态度积极,能力强,同时还有很强的责任心与自驱力。

所以,作为团队老板的你,对头部员工不需要管理太细,给他们能充分发挥的自由空间,可以等他们遇到困难的时候,再去干预。

二、全力培养中部

全力培养中部,让他们早日成为头部的一分子。处于中部的员工都能完成自己的工作任务,但他们在运营方法和底层逻辑上还需要指导,所以我会把更多精力放在中部员工身上,让头部员工给他们分享打造爆款视频的经验,同时也多关注他们的产出,把他们培养成头部员工。

三、帮助尾部认清自己

最后,我会"补短",**帮助尾部认清自己**。比起头部员工,尾部员工很可能是对自己在团队内的定位,以及视频号运营的体系还没有清晰的认知与把握。

心理学上有一个现象,往往能力欠缺的人会产生一种虚幻的自我优越感,盲目而错误地认为自己比在真实情况中更加优秀,这就是达克效应。换言之,达克效应就是能力不足者因为缺少清晰的自我定位与自我认知而独自膨胀与满足。

我们来看下面这张图:

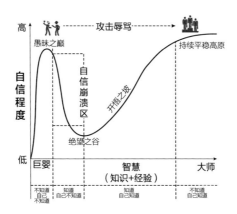

很多人其实处于"愚昧之巅",容易自负,以为自己什么都知道,但实际上他什么都不知道。

如果团队里有这种人,领导者必须快速帮他认清自己。我是个杀伐果断的老板,一直坚信"慈不掌兵",我不会过多照顾尾部员工的感受,相比之下,直接指出问题才能让他们走得更远。我会通过几次谈话和工作内容的调整,帮助尾部员工认清自己，如果他陷入一种拒绝进步的恶性循环，我就会快速将其替换。

如果你想在我的团队里走得更远，就必须从"愚昧之巅"下来，这是我的原则。

当然，我会很欣赏愿意并且主动认识自我的员工，并且愿意陪同他步入"绝望之谷"。人活着总要经历不少否定和打击，没有否定哪来的成长呢？这时候我会告诉我的员工，你要做好准备，接下来的一段时间你可能会不断被我否定，不断受到打击，我希望你能承受得住，因为我教你的都会是最快、最高效、最直击本质的方法。

处于"绝望之谷"，你会开始失落、沮丧，会意识到自己认知的浅显与不足，发现自己之前所坚持的或许都是错误的，但这是好事，因为挺过去你就会进入"开悟之坡"。

《原则》的作者瑞·达利欧说："如果你不觉得一年前的自己是个蠢货，那说明你这一年没学到什么东西。"后来，有人把这个原则总结为"蠢货速率"，**如果你没有觉得一天、一个月甚至是一年前的自己是个蠢货，你就没有在成长。**

第六节
薪酬：底薪 + 绩效，激励式成长

美国前总统林肯在少年时和他的兄弟在肯塔基老家的一个农场里犁玉米地，林肯吆马，他的兄弟扶犁。但那匹马很懒，他们拿马没有什么办法。突然有一天马走得飞快，林肯很奇怪，后来才发现原来是有一只很大的马蝇叮在马身上，于是他把马蝇打落了，结果马又慢下来了。他的兄弟就说："哎呀，你为什么要打掉它，正是那家伙使马跑起来的！"

没有马蝇叮咬，马很懒惰；有马蝇叮咬，马跑得飞快。这就是马蝇效应，后来这一理论被用到企业管理中。这个"马蝇"，其实就是指团队管理中的激励因素，若管理者能找到合适的激励因素，就能让能力突出的员工卖力工作。

我会非常关注团队的激励体系，一共有两点：低底薪＋高绩效，同工不同酬；复盘绩效激励制度。

我一向认为，"底薪＋绩效"才是最磨炼人的一个方法，尤其是"低底薪＋高绩效"。在招聘时，我会和员工说明他的综合收入，以及内容行业的特殊性，以"底薪＋绩效"的方式给予激励，只要绩效好，薪资一定会高，而且没有上限。

正如查理·芒格所说：躲开那些不恰当的激励制度。激励的作用是非常强大的，是人类认知和行为的控制器。只涉及工作时间，无关于工作量、工作效率与工作成果的工作机制，很容易让人失去努力思考找出解决方案的动力。

但如果你没有成绩，很抱歉，职场不关心"没有功劳，也有苦劳"的人，你只能拿最基础的那部分薪资。

然后，我还会设计一个"复盘绩效激励制度"。在这种激励下，头部员工能拿到足够的奖励，也就会有足够的动力继续创造更大的价值，为团队与自己赚取更多的钱。而在绩效中加入"复盘打分"这一项，使得绩效不仅仅由工作成果决定，老板和员工都需要对员工自身一个阶段的工作进行复盘和打分，分数也会作为参考来衡量绩效。

举个例子,我的一位兼职助理已经和我一起工作了大半年,我每个月给她的薪资就不是一个完全固定的数值,而是通过复盘打分制,浮动给予激励。

每个月月末我会让她对自己本月的工作态度、工作效率及产出成果进行打分,基准线是 5 分,对应着一份固定的基准薪资;高于 5 分则会获得更高薪资;反之,则比基准薪资低一点。同时,我也会对她当月的工作表现进行打分,和她的自我评分进行比对,确定最终薪资。即使双方在评分上存在差异,一起进行复盘的过程也能够让她有所收获:哪方面还可以做得更好,哪方面可以继续保持。

有些人可能会问,复盘绩效激励制度和普通的"底薪+绩效"有什么区别呢?

我会笃定地告诉你答案:当然有区别!传统的"底薪+绩效"的模式,对团队成员进行复盘的只有负责绩效核算的人及团队管理者;而复盘绩效激励制度则是团队管理者与团队成员都对团队成员本身当月的工作、成长、收获与不足进行复盘,在复盘的基础上给员工的表现进行打分。

这样的话,拿到高薪资的员工会想着下个月如何保持高水准,拿到略低薪资的员工更会调整自己的工作劲头与工作方法；老板也能对团队成员的工作情况有更多了解，并为其指出不足或可取之处。

也有人问我，低底薪能吸引人才来应聘？

有一种解决办法：除了底薪外，绩效可以分为两部分。一部分绩效是有工作产能就能拿到的绩效，另一部分绩效则是工作产出的反馈带来的绩效。举个例子，甲、乙两人都花时间做出了一条视频并投放在账号上，那么两人都能拿到制作这条视频的那部分绩效，不同的是，甲的视频是个点赞 10 万+的爆款视频，而乙的视频则反响平平。所以甲拿到的第二部分绩效自然比乙高一些。这样就将薪资进一步细化，底薪是最低保障，工作产出量的绩效是对努力工作的回报，产出质量的绩效则是衡量能力的部分，能者多得。这种方法更适合初创团队或创业公司，这也是帮助管理者快速组建团队的一种手段。

管理团队，路漫漫其修远兮，吾将上下而求索。

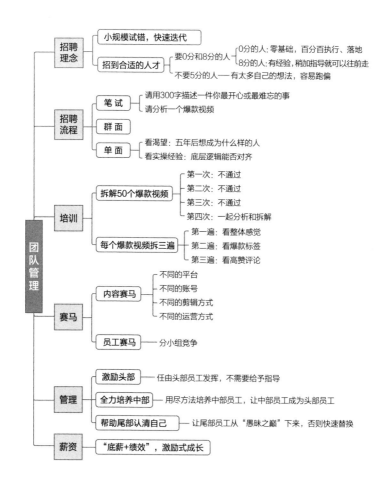

爆款视频号

第九章

商业变现：

视频号＋直播＋朋友圈＋微信公众号＋小程序

很多人刚做了一段时间视频号就特别焦虑，于是就来问我："老师，我感觉做视频号不太好变现，到底该如何做呢？"

张小龙在 2021 年微信公开课上曾对"平台会给创作者什么样的支持"这一问题给出了这样的回答："刚开始我们去邀请一些明星进来，明星会问有没有签约费。我们的回答是，我们希望你进来，因为你应该经营自己的粉丝，最终你会实现盈利，但平台不会出面来购买内容。"

所以，你把账号做好，自然就能挣到钱。

变现有多种方式，在这里我主要讲三大类：**广告变现，直播变现，个人 IP 变现**。

第一节
广告变现

以前有一个段子,说消费能力是有等级划分的:女人 > 孩子 > 老人 > 狗 > 男人。

虽然这是个段子,但还真挺有道理。

女人的角色有很多种:妻子、母亲、女儿、员工……每一个角色都有很大的消费需求,她们要为自己花钱,为孩子花钱,为家庭花钱。但男人不一样,因为种种家庭责任、社会责任,他们需要买房买车,所以在日常消费上并没有多少精力和财力。因此,如果想通过视频号变现,你就要选中正确的赛道,你的目标群体应该以女人为主。如果你的视频号粉丝大部分都是女性,那恭喜你,你要进行变现并不难。

如何接到广告呢?

首先要对自己的粉丝有足够的了解，关于广告变现这条路，你最大的客户就是自己的粉丝。了解你的粉丝都是什么群体，什么年龄，什么工作，消费力如何，然后建立粉丝画像，了解他们的需求和他们对你的期望是什么。比如网络红人@**李子柒**如果卖家具，她的粉丝就不一定买账了，情感类博主卖游戏卡，其粉丝也不一定买账。美食类主播如果突然做起了钻戒的广告，其粉丝也不一定买账。为了避免出现无效广告，运营者一定要先充分分析自己的账号定位和粉丝。

其次是选对产品，要知道当前什么产品最火，什么产品的消费者购买力最强，你就去接相关的广告，这样可以翻倍变现。

那么，如何让视频号的广告进行扩散呢？

请记住这点，视频号是一个基于熟人关系链的平台，所以它很适合做口碑，做转介绍。

首先，你可以让广告在朋友圈扩散。

其次，朋友圈的内容标签功能也值得一提。在微信朋友圈发布动态时输入"#"符号，"#"后面的内容会自动变成蓝色，点击即可查找整个微信生态圈内与该关键词有关的所有内容，并且排在最前面的内容就是视频号动态，点击屏幕右上角的"更多"就可以查看更多与关键词相关的视频号动态。所以在做视频号时，我们也可以考虑在标题文案上添加关键词。

下面，我来介绍广告变现的三种形式：**视频软广变现、微信公众号链接变现、小程序链接变现**。

视频软广变现是指在视频号中植入商家产品，商家给予创作者一定的广告费。当你的粉丝基数有一定的体量或者你的账号有一定的影响力时，可以选择这类变现方式。由于这种变现方式很常规，在抖音里非常常见，目前视频号还没有出现大量软广视频，所以我在这里不再多加介绍。

我们要重点关注微信公众号链接变现和小程序链接变现这两类变现方式。

一、微信公众号链接变现

很多粉丝问我："吕白老师，视频号和微信公众号，我要做哪个？"

我必须真诚地告诉你，如果你想做好内容生态，二者都要做。

既然视频比图文更有传播性，为什么还要做微信公众号？

爆款视频的核心是完播率和互动率，视频的时长要短，完播率才会高，几十秒的视频可表达的内容比较少，只能压缩在一两百字之内。但微信公众号就不一样了，短则几十、几百字，长则几千字，表达的内容更加丰富。

其次，微信公众号的广告变现、流量体系比较健全，你可以把它理解为是你做内容生态的一个载体。

如果你之前就有微信公众号，你可以靠视频号引流然后接更多更好的广告。如果你之前没有微信公众号，视频号做得不错，那么开通微信公众号可以做好用户留存，哪怕不写什么内容，只是通过这个系统接广告，靠阅读量变现，把粉丝转为你的客户也可以。

微信公众号链接变现有以下四种方式。

1. 付费文章链接

早在 2017 年，马化腾就已经提到过微信公众号要增加付费订阅功能。2020 年 4 月，微信正式向符合条件的微信公众号开放文章付费阅读的功能。

将付费文章与视频号相结合来进行商业变现，是视频号博主@**刘兴亮**做的一次视频号变现尝试。

刘兴亮是知名互联网学者、泛科技视频节目《亮三点》出品人，也是最早被张小龙亲自邀请体验视频号的人，他在三个月内将视频号做到两万多粉丝。

作为最早一批的视频号体验者与创作者，刘兴亮在视频号的运营初期就在不断尝试和探索通过视频号实现商业变现的方式。他曾将视频号与微信公众号付费文章相结合,在视频下方挂上付费文章的链接《如何抓住视频号的机会?我给9点建议》,视频内容讲的是视频号开通之前应该做好的三点准备,微信公众号推文则是他当时对视频号整体的看法。

他在自己的微信公众号中也分析了相关数据,截至2020年3月25日,视频号为微信公众号导流阅读量超过3万,付费人数3000余人,付费与赞赏收入过万元,同时,微信公众号还增粉4000余人。很显然,视频号和微信公众号之间存在商业化道路,可以实现变现。

付费人数	3000 +
阅读量	3 万 +
付费率(付费人数/阅读量)	11.7%
付费收入	1 万 +
赞赏人数	70 +
赞赏收入	1000 +
微信公众号粉丝增加	4000 +
视频号名称:刘兴亮	微信公众号名称:刘兴亮时间

(选自微信公众号"刘兴亮时间"2020年3月25日的数据)

当然,这种变现机会更偏向于微信公众号创作者。微信公众号以文字输出为主,干货文字篇幅较长,创作门槛相对较高，直接点进来付费查看的用户不多；视频号以视频呈现为主，知识分享更加直观，创作门槛比微信公众号低，刷视频的用户比直接看文字的用户更多。

因此，如果你的微信公众号的定位是知识干货或观点认知分享，不妨进行这样一个变现方式的尝试。视频号作为微信公众号付费推文的导流，发布浅显易懂的知识，看过视频被内容吸引的用户就会顺着链接点开推文深入了解，并且愿意为了知识付费。

2. 课程/商品链接

微信公众号底部除了可以放置付费文章的链接，还可以放置课程链接或是商品链接。

刚获得视频号内测资格时，我发了一条视频：一个普通男孩的 5 年。视频讲述了我这 5 年在爆款打造路上的付出与收获，很多粉丝看了这条视频后私信我，说他们也想学习我的方法。

我在这里用的方法是，视

频号+课程链接。我在这条视频下方，放置了一条推文链接。很多人因为看了我的视频而被我吸引，进而点开下方的微信公众号链接。对方关注我的微信公众号之后就会收到微信公众号后台推送的课程链接。通过这种操作，我在短时间内就收获了2名高客单价付费学员。

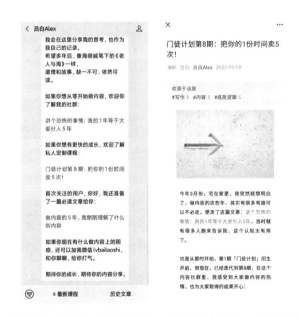

这种方式适合本身就有 IP 或是课程的人，你可以通过视频号来展现自己的专业度，以及和个人 IP 相关的内容。用户被你的视频内容吸引，愿意点开视频下方的课程链接，你收获新学员的概率会比仅靠微信公众号吸引用户的概率大大增加，因为通过视频号内容，用户对你的认知会更为形象立体。

当然，如果我们本身并没有个人 IP 或课程，还有一种变现方式，就是通过为课程转化付费用户，从而实现变现。

@跟蔡康永学情商是一个通过整合现有 IP 的观点、采访视频等进行知识输出，从而通过课程进行变现的视频号。视频内容就是在讨论表达清楚、沟通到位的重要性，因为没有人有义务去猜测你的心思。蔡康永活得通透，情商高，这是尽人皆知的事，不少用户看到他的视频都会大呼顿悟，右图这条视频也不例外，收获了 8 万赞，互动区也体现了非常强烈的认同与共鸣。都说人难得活得清醒，看到既有道理又深入浅出的视频，加上蔡康永本人这个强 IP，点开下方蔡康永情商课购买链接的人不在少数，这就是课程的引流，点开页面的人选择付费，那就完成了变现。

这种课程推广变现更适用于暂时没有开发课程的想法、认为开发课程打造 IP 有难度的个人或机构。

视频号的变现不只是适合知识或思维输出类课程的售

卖，实物商品也可以通过视频号进行引流变现。

商品链接分享的变现方式大多适合做实物商品的电商或商家，账号定位也要和商品类别高度相关，通过构思视频内容，呈现出商品的使用性能与最终成品/成果，搭配视频下方跳转购买链接，进行商品交易，实现变现。

视频号博主@**望哥发现好手艺**是一位设计美学博主，他在自己的视频中运用了相关商品变现的方式。其发布的"3秒镜头要画100多张画稿，他们拍出了中国首部剪纸动画"视频，讲的是中国首部剪纸动画《葫芦兄弟》的制作过程，30分钟需要18万张画稿，一代匠人精神令人动容。而视频拍摄角度精巧，手法细腻，让人在惊叹这份精神的同时，也会想"求同款"。有需求就有服务，视频下方立刻送上了购买链接"点击购买同款匠人好物"，不管用户是冲动购物还是羡慕视频中的制作方法想自己尝试，只要用户购买了，创作者就达到了变现的目的。

3. 社群引流链接

社群引流的本质是基于爆款视频的曝光量，在视频下方挂上相关社群的引流链接。只要视频内容足够好，就会让人更想多关注一些与该账号相关的信息，为用户点开引流链接做准备。此外，链接标题上带有"免费""福利""体验""礼包"等字眼也是吸引关注的核心。这样，视频内容就可以吸引更多的人点开引流的文章或链接，通过链接领取免费课程或体验活动，也为后期由体验、免费用户转化为付费用户扩充了后备军。

视频号博主@**胡明瑜幸福力**在自己的一条爆款视频"爱是两情相悦，更是理解和忍让"中挂上了个人微信公众号的一篇推文：《【加入福利群】免费学习心理学知识》。视频讲述的是夫妻吵架，丈夫理解忍让，稳定了双方关系，而这正是情商与心理学范畴的内容，引流链接也在呼应心理学的主题，用户一进入文章就会看到微信群二维码，然后是作者的个人成就、个人简介与社群内容，吸引了本就对心理学感兴趣、高情商的用户加入社群。

这样一来，一条完整的引流链就产生了。用户被视频内容吸引后，主动点开评论区进行互动，在互动过程中也被文案下方的"福利群"和"免费"字眼所吸引，点开链接，了解博主本人并领取引流福利，进行关注，就顺利成了未来可能购买付费课程的一员。

这种变现方式非常适合基于社群的一些线上机构来使用，尤其是目前在线教育逐渐普及，同类型的课程会有很多机构在做，通过链接和社群引流的方式来提高购课用户的转化率，比直接硬广告宣传的效果可能更好。比如对于心理学的相关课程，可以通过免费社群给用户呈现初阶课程的内容和质量，搭配社群助理的服务与群员的学习氛围，正式课程的转化率会提升不少。

4. App 推广链接

现在，视频号的流量很大，很多游戏、小说、心理学测试的 App 需要拉新推广时，会立马想到视频号。基于此，大家完全可以考虑将有吸引力的游戏广告、小说广告做选取后发布在视频号中，为它们引流。或者做与人际关系、亲密关系以及个人成长等情感类话题，为心理测试类 App 推广助力，借此变现。

视频号博主@**啊庆文案馆**发布了一条关于人际关系的

爆款视频，30秒的视频，借一个疯子之口，道出人与人关系羁绊的解药：两个人的相遇，不是恩赐就是劫。若无相欠，怎会相见。

作者在视频下方附上与此相关的测试链接：为什么你总是无法拒绝别人？用户点击后会跳转进入微信公众号链接界面，再次点击会弹出测试界面，如果你对此项内容感兴趣，点击购买后即可完成测试。

视频号博主@**情感小短剧**发布了一条视频：寒风中，女主角和前男友相见，前男友无奈女主角已经结婚三年，留下一句"再见"就转身离开了，这和三年前他们分手一样，同样是这样的转身。这个不到一分钟的视频片段，唤醒了大家对自己过往情感的回忆，此时，作者在视频下方挂上这样一个测试链接：你和初恋复合的概率有多大？很多人都对初恋印象深刻，自然点开测试的概率就很大。

二、小程序链接变现

视频号可以开通微信小商店，我们可以在视频号主页点击跳转小商店小程序，直接给小商店引流。

目前，视频号逐步和外部小程序打通，邀请其他服务商入局。比如有赞小程序就已经全链路打通视频号，有赞里有很多商家系统，并且支持用户在视频号直播时进行消费，而美团优选等小程序也已经链接进视频号。

为什么要打通外部小程序？很简单，视频号和微信公众号、抖音一样都是内容平台，如果想要进行商业变现就需要有工具进行赋能，创作者在抖音平台靠抖音小店、商品橱窗来完成，而在视频号中，最好的工具就是小程序。

视频号博主@**美团优选**在直播时就链接了小程序，点击就可以直接跳转到"美团优选"小程序，极大地拓宽了直播带货的路径。

所以，除了微信小商店小程序外，打通外部小程序可以帮助视频号获得更大的商业流量，我们可以理解为这是微信尝试做新电商生态的动作之一。

无论你是电商还是实体经营者，只要给视频号链接了小程序，你就可以带货。

视频号博主@**缘缘有妙招**发布了一条推荐搬家神器的视频，但是她没有直接介绍产品的卖点，而是利用情绪共情：有这样的老公，女人最辛苦。有一种老公，他不道歉，不沟通，不哄你。和你吵架，总要争第一，对任何人都很友善，唯独对自己的老婆面目狰狞。更可笑的是，在别人眼里，他还是一个老实人，觉得我说得对的，双击加关注。

她的文案营造出了部分女人婚后的无奈体验，老公不仅不帮忙做家务，还会天天惹自己生气。在这种情况下，当你要搬大件家具，比如床铺、洗衣机的时候怎么办？视频画面给出了答案：当你有了这个搬家神器，不用老公帮忙,一个人也可以轻松搞定。

此时,你看到视频下方挂上的这个神器的购物链接,想要购买的小手已经蠢蠢欲动,想不下单都难。

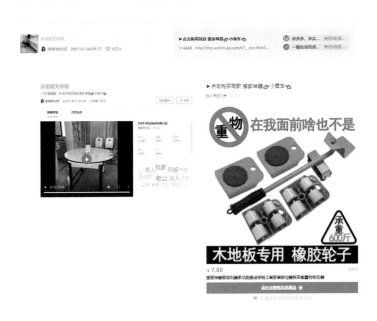

小程序链接变现尤其适合以卖货为主要目的的视频号博主,相比微信公众号链接变现中的商品链接,这种方式更加直接。用户不需要点击进入微信公众号后,再跳转进小程序进入购买页面,而是可以直接进入购买页面进行购买。这个方法减少了用户决策链路,用户的购买率会大大提高。

以上介绍了广告变现的几种形式,大家可以结合自己的情况,选择适合自己的广告变现方式。

第二节
直播变现

在视频号利用直播进行变现的潜力巨大,尤其是2020年以后。

前段时间有朋友问我在视频号卖什么最好,我说书籍是很好的选品。

下面我们来分析一下利用视频号进行直播带货时选品的几个关键点:高利润、高天花板、高复购率、强IP。

高利润:产品的客单价与成本价的差额很大,利润空间足够大。

高天花板:产品的种类是否足够多样,决定了产品的市场有多大,比如女鞋有很多种款式,有很大的拓展空间。

高复购率:客户购买了产品之后,还会不会再次购买,这就影响了复购率的高低。图书、日用品、化妆品这些商品的需求是源源不断的，复购率相对较高。

强 IP：产品要自带品牌吸引力和传播效应，比如你想买一只阿玛尼的口红，只是因为你想要这个牌子的口红，那么直播间里不管是谁在带货，你都会愿意购买，只要比谁家的折扣大就行了，所以选择强 IP 产品可以自带流量。

视频号博主@**李筱懿**是微信公众号"灵魂有香气的女子"的创始人，通过经营情感类微信公众号建立了很强大的粉丝基础，她在早期就尝到了视频号变现的甜头，并且做出了系列爆款视频。

2020 年 11 月 9 日，@**李筱懿**第一次在视频号直播带货，3 小时销售图书 190 万元，有 6.5 万人观看。

图书利润高，市场天花板高，复购率高且自带强 IP 属性。李筱懿就选对了赛道，她的微信公众号"灵魂有香气的女子"主打女性故事，走的是文艺清新路线，且李筱懿本人也自带知性人设，卖书是最适合她自身的品牌调性的，所以她在视频号卖书容易做出成绩。

如果你想直播卖书，你可以挑一些有名的书籍，比如《三体》，你可以吸引到作者刘慈欣的书迷；你也可以卖巴菲特关于投资的书籍，想要学理财的人会愿意买单；你也可以卖我的爆款内容书籍，这样你就能吸引到需要研究怎么做好爆款内容的职场人士。

同样，选择其他的品类，也可以用这个思维来思考。

视频号博主@**夜听刘筱**在 2020 年 11 月就达到了 70 万粉丝，并开通了视频号直播。11 月 26 日，刘筱和张艺谋导演、张译同框直播，为电影《一秒钟》卖了 30000 张电影票，宣发效果相当于一场商业路演。

为什么电影票能在直播间卖得如此火爆？有人说是因为他的粉丝基数大，我觉得关键在于他的赛道和选品选得好。

随着人们经济水平的提高，大众文娱生活不断丰富，观影需求不断提高，电影这种娱乐活动市场需求大。一张电影票仅需几十元，大家都愿意下单购买，并且主播在直播间还上架了 5～20 元的视频号直播专属优惠券，刺激粉丝的购买欲。

而且，粉丝不一定是冲着主播去的，可能大多数粉丝是因为张艺谋和张译的出镜以及电影本身就是一个强 IP，喜欢导演和演员的粉丝自然会变成这场直播的订单用户。

第三节
个人 IP 变现

个人 IP 变现主要有三种方式：咨询变现、培训变现、出版变现。

一、咨询变现

如果你已经做出了一些视频号作品，你就可以开通咨询服务，教别人怎么做视频号。如果你擅长的是其他领域，那么你可以在视频号里发布相关视频，将用户引流到你的咨询通道。这种变现模式很适合心理咨询师、职业规划师和某个领域的专家。

二、培训变现

付费社群+在线培训是非常赚钱的一种方式。付费社群需要很有名、有能力的人才能做吗？不是的，任何一个人都能做，就看你能不能找到正确的赛道"死磕到底"。你可以拆解案例，每天分析视频号的爆款视频，教大家怎么做视频号；你还可以做个会员社群，把很多大号聚集起来，然后让这些博主在群里分享。

比如新榜就有一个社群叫"榜哥会"，收费1498元/人，这个社群是新榜面向新内容创业者、新渠道探索者和新流量淘金者的一项创新服务，汇聚了很多会做内容的高级会员，覆盖短视频、直播、电商等各个领域。他们还邀请了50位在新内容、新流量、新渠道方面的一线掌舵人及投资人，让这些人作为基石会员，来为"榜哥会"的会员赋能。

三、出版变现

出版视频号方面的书籍是现在最高效的变现途径之一。

首先，视频号一定是未来几年的超级风口，只要你够快抓住风口，你就一定能变现。但现在只有少数人嗅到了这个红利，很多人还不了解视频号。

如果你去写视频号的书，一定能找到出版社和你合作，因为出版社也需要抓住这波风口冲热点。

其次，书籍可以带来长期的收益。

我两年写了 4 本书，发现了一个道理，书就是我最高效、最有用的获客渠道。

怎么理解呢？我写的书籍都和爆款内容有关，读者看完我的书后就可能成为我的粉丝，他们只要成了我的粉丝，就有机会继续被我转化为我的付费用户。

视频号书籍可以写哪些内容？大致可以分为 3 类。

基础说明类：这类书籍能够帮助读者建立起对视频号的基本认知，算是非常基础的入门书籍，内容比较简单，你可以从行业角度分析视频号作为一个新的短视频平台出现的意义，它大概是什么，和抖音、快手相比有什么共同点和不同点，注册视频号和开通各种功能都有什么流程……

技术讲解类：这类书籍对作者的专业度要求较高，你可以教一些实操的干货，比如怎么运营视频号，怎么确定人设，怎么设计头像和封面，怎么拍摄和剪辑视频等。写这样的书籍，你可以先积累一些案例，拿一些案例做拆解，主要是摸索清楚视频号的玩法。

进阶爆款类：这也是我对这本书的定位，我只想教你爆款视频的底层逻辑，让你有机会做出爆款视频。所以我会毫无保留地和你分享我对视频号的所有看法和玩法。

你要想好怎么挣钱，以终为始，再去做对应的内容。

第九章　商业变现：视频号＋直播＋朋友圈＋微信公众号＋小程序

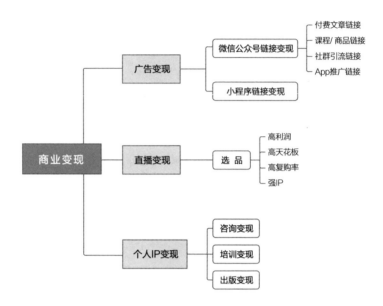

附录

对 2021 年"微信之夜"张小龙演讲内容的解析

在 2021 年 1 月 19 日的"微信之夜"上,张小龙在演讲中大篇幅提到了视频号。

虽然此时本书已经基本完稿,但我还是写了篇文章,希望可以把对"大神"演讲内容的解析一并放在书里。

首先,我觉得微信是真的很牛。

其次,我觉得一定要全力投入视频号。

腾讯是第一个做短视频的公司,但微视没有成功,因为时机不对。

而视频号现在的机会就刚刚好,这个风口一定要抓住。

01

整个微信的核心点在于,微信是人们在社交媒体上通行的身份证。比如你可以通过微信和各种人聊天,可以通过微信购物、看电视、打游戏,这些都不需要你单独注册账号,用微信 ID 点个授权就可以,我们可以将这个 ID 理解为互联网通行身份证。

现在微信想做新的 ID,即视频号,目的是用这个新的 ID 来承载企业方面的东西,比如小程序、直播、电商等。

看抖音的直播视频就像逛集市,我们去一个集市上时,一般看哪个摊位吆喝得好就买谁的东西。但是视频号的电商不一样,你来我这里看直播、看视频,更多是因为你曾经在我这儿消费过的,或者是有强烈意愿在我这儿消费。

未来不是所有企业都需要做抖音、快手,但一定都需要做视频号,因为 95% 的企业都需要顾客复购,而视频号的"社交+算法"推荐机制就非常有利于企业让顾客复购。

02

视频号的"朋友推荐"功能非常有趣。

最初视频号的日活量还不太大时,我的领导说要做抖音,我说要重点做视频号,一定要全力投入视频号。

她问我为什么。

我说:"我们现在 80% 的客户都来源于转介绍,视频号的朋友点赞推荐和线下转介绍的逻辑是一模一样的,如果我们的付费用户点赞了我们的视频,那他的朋友、我们的潜在用户一定会看到这个视频,本质上这个链路就是我们未来的商业生态，有很大可能会成为公司最大的流量获取来源之一。"

其实图书也是如此，我有很多读者就是因为有人推荐才买的我的书。我曾经研究过，如果想把书卖火，核心是上市一个月以内要在社交平台上有1000条好评，这1000条好评其实就相当于是朋友的背书和推荐。

03

微信希望把自己打造成一个超级App，也就是说你的手机只需要一个App，这个App就是微信。

在微信中，你能看电影，能搜大众点评，能玩小程序游戏……

"微信之夜"的演讲在各种明示我们：未来，微信会用各种各样的方式、用所有的资源来推广视频号，在你看得到看不到的地方力所能及地把视频号的内容推给大众。

大家真的要抓住这个红利，全力投入视频号！

后记

01

2020年我最大的成长是：更加明确了自己的定位：**吕白 = 爆款**。

截至目前，我出版了以下图书：

《人人都能学会的刷屏文案写作技巧》

《人人都能做出爆款短视频》

《从零开始做内容：爆款内容的底层逻辑》

《爆款抖音短视频》

《爆款视频号》

接下来还有一系列的爆款《爆款 IP》《爆款品牌》……

每一本书都是我实战经验的总结，都是我在做出无数个爆款之后提炼出来的方法论，我没实操过的、没有效果的方法论，我不会写出来。

之前会有出版社的朋友问我："你是怎么一年写作好几本书，还卖得不错的？你不怕你的粉丝会嫌烦吗？"

我说："其实我没什么粉丝，大家买我的书，不是因为他们喜欢我这个人，而是我的书对他们真正有帮助。"

是因为他们在相关方面有学习的需求，我又恰好在这些方面比较专业。

我始终认为，最好的销售方式，就是传播有用的东西。

如果你问我未来有什么愿望，那大概就是：**当大家想到爆款的时候，第一时间想到的是"吕白"。**

02

牛顿说："如果说我看得比别人更远些，那是因为我站在巨人的肩膀上。"

这句话有两个意思：

一是回应他当时的劲敌科学家胡克，作为他质疑牛顿抄袭他的理论时的回应。

二是他发自内心地为自己能出生在那个时代而感到幸运。在那个时代，想学习天文知识可以参考伽利略、惠更斯的研究成果，想学习数学知识可以参考欧几里得、笛卡尔、沃利斯的研究成果，想学习天文学知识可以参考开普勒的研究成果……

知乎上有个网友说："以前觉得这是他在谦虚，直到自己读博士开始做研究后才发现，他说的是事实。"

只有亲身经历才知道，只是在巨人身上爬就已经很不容易了，更遑论爬上巨人的肩膀，还能站在上面冷静地看

后 记

世界。

更何况像我们这样的凡人，一般能爬到巨人的脚背上就已经精疲力竭，或者忘乎所以了。

做内容也是，不要老想凭一己之力，秒杀所有同行，做出一个刷爆全网的爆款。不要老想一口吃成个胖子。

在你还没有做出成绩之前，要学会拆解爆款。

你要学会站在巨人的肩膀上，也要学会站在爆款的肩膀上。

完稿的时候，朋友问我，自己什么时候才能做出爆款？

我答道："从你开始接受自己是普通人的那一刻开始。"

感谢我的编辑解文涛老师，他几乎承包了我的每一本书，感谢他对我的无私信赖，我也尽可能写出我认知范围以内最好的东西交付给他，不辜负他，不辜负我对读者的"一本好书"的承诺。

也要感谢海君，她是我见过的非常清楚地知道自己想要什么的女孩，可以说这本书之所以能够出版，她有很大的功劳。

Reya 是我的学员，慢慢地成了我的左膀右臂，对于书中很多案例的拆解，她投入了大量的时间和精力。

CC、海雯在书稿内容的多次打磨中也贡献了非常多的力量。

总之我要对一路走来支持过、帮助过我的人,说一句"非常感谢"。

最后我用一句话来结束:

没有一颗心,

会因为追求梦想而受伤。

当你真心渴望某样东西时,

整个宇宙都会来帮忙。

——保罗·柯艾略《牧羊少年奇幻之旅》